AF548148

Jochen M. Gleditsch Liv Inga Hamann

Botschaft des Lebens im I Ging

Durch Wandel zum Selbst

Jochen M. Gleditsch   Liv Inga Hamann

Botschaft des Lebens im I Ging

Durch Wandel zum Selbst

3., komplett überarbeitete Auflage

Hinweis für den Benutzer
Die Erkenntnisse der Medizin unterliegen einem laufenden Wandel durch Forschung und klinische Erfahrung. Herausgeber und Autoren dieses Werkes haben große Sorgfalt darauf verwendet, dass die in diesem Werk gemachten therapeutischen Angaben dem derzeitigen Wissensstand entsprechen. Das entbindet den Nutzer dieses Werkes aber nicht von der Verpflichtung, mithilfe weiterer Informationsquellen zu überprüfen, ob die dort gemachten Angaben von denen in diesem Buch abweichen.

Bibliografische Information
Diese Publikation ist in der Deutschen Nationalbibliothek verzeichnet. Detaillierte bibliografische Angaben sind unter https://www.dnb.de abrufbar.

3., komplett überarbeitete Auflage 2023

ISBN 978-3- 948442-33-0

Lektorat: Dr. Petra Zimmermann, Braunschweig
Zeichnungen: Studio Max Julian Otto, Leipzig; Henriette Rintelen, Velbert
Fotos, Titelfotografie: Michael Parsch, p-assfoto.de
Satz/Herstellung: Kadja Gericke, Dürnau
Umschlaggestaltung: SpieszDesign, Neu-Ulm
Druck und Bindung: Drukarnia Dimograf Sp. z o.o., Bielsko-Biała /Polen

www.kiener-verlag.de

Hermann Hesse sagte zum I Ging:
In diesem Buch ist ein System von Gleichnissen
für die ganze Welt aufgebaut.

Vorwort

Dieses Buch erwuchs aus einer Begegnung. Nach einem meiner Seminare zum Thema „Die Dynamik der Psyche aus Sicht des I Ging" erhielt ich ein ungewöhnliches Echo: Die Ärztin Liv Inga Hamann berichtete begeistert, sie habe die Körper-Übungen, die ich in meinem Vortrag nur skizziert hatte, gleich am nächsten Morgen erprobt. Sie habe hierbei die ganze Abfolge der Übungen leiblich erspüren und nachvollziehen können. Sie habe dies wie einen in sich geschlossenen Reigen, ja wie einen fortlaufenden Tanz erlebt: ein Lebensrad! Mit dieser „Verlebendigung" war die leibliche und praktische Umsetzung meiner eher theoretischen Hinweise zur Lebensgestaltung initiiert! Aus der Freude über die offensichtliche Übereinstimmung von Theorie und Praxis erwuchs die Idee zu diesem gemeinsamen Buch.

Was mir seit Jahren als ein inneres Bild vorgeschwebt hat, kommt zu meiner großen Freude nun zur Erfüllung. Die erhoffte Ergänzung! Im Sinne des „Buches der Wandlungen", wie der Titel des I Ging eigentlich lautet, mögen viele Leser zum inneren Wachsen und Reifen angeregt werden: zu einem weitgehend harmonischen Ausleben der in jedem Menschen angelegten leib-seelischen Valenzen.

Wir leben heute in einer Zeit des unnatürlichen Leistungsdruckes, nicht selten auch der Sinn-Leere, was zu Überforderung und oft zum Burn-out führt. Als Einzelne können wir den Zeitgeist wenig beeinflussen. Aber wir können unsere Freude am Leben und Reifen fördern, indem wir unserem Tun und Lassen Sinn geben. Dadurch wird es leichter, die täglichen Anforderungen anzunehmen und zu erfüllen. Der uralte Weisheitsschatz des I Ging erweist sich als ideales Rüstzeug für eine zielführende Lebensgestaltung. Die überlieferten Symbole und Bilder bleiben keineswegs theoretisch, sie regen vielmehr zu praktischer Umsetzung, ja sogar zu leiblicher Erfahrbarkeit an. Sie führen hin zum eigenen Selbst, in Würde und Authentizität – und damit zu Zufriedenheit und Harmonie.

Jochen Gleditsch, Wien, Dezember 2022

Die Botschaft im I Ging – universell und persönlich

Mit diesem Buch möchten wir dir die universelle Botschaft aus dem uralten chinesischen Weisheitsbuch I Ging nahebringen – in Wort, Bild und mithilfe von Körperübungen, als Mitmach-Buch. Dadurch kann spürbar werden, dass im I Ging auch eine ganz persönliche Botschaft für dich und dein Leben steckt. Denn der Mensch und sein Lebensweg bilden den Kern dieses Buches – samt Lebensinhalt und Lebensziel.

Jochen Gleditschs Neu-Interpretation des I Ging hat hierfür die Grundlage geschaffen. In seinem Buch „Selbstfindung durch Wandlung – Code des Lebens im I Ging" beschreibt er die detaillierte Herleitung dieser Interpretation umfassend.

Im vorliegenden Werk möchten wir die daraus ableitbare Bedeutung Schritt für Schritt darlegen. Wir möchten dazu anregen, die Theorie des I Ging mitzuvollziehen, sie durch Bildbetrachtung zu vertiefen, die Assoziationen wirken zu lassen und in Körperübungen zu erleben, was Worte nicht auszudrücken vermögen. Unser Ziel ist es, die im I Ging enthaltenen Erkenntnisse auf eine neue Weise erfahrbar zu machen, sodass sie praktische Lebenshilfe bieten können.

Denn was sind das Ziel und der Sinn auf dem Lebensweg? Es geht darum, sich als Mensch mit seinen reichen Facetten und seiner lebenslangen Entwicklung besser kennenzulernen. Aufmerksam Lesende können ein zunehmendes Verständnis des Wesens des Menschen gewinnen sowie einen achtsameren Umgang mit dem Mitmenschen – und damit auch mit sich selbst: Du kannst lernen, dich selbst besser anzunehmen und die eigene Entwicklung bewusst zu unterstützen, aber auch deinen Mitmenschen in seinem Entfaltungsprozess klarer zu erkennen. Du könntest Krisen als Chancen begreifen und in solche umwandeln, denn diese Option ist immer gegeben.

Was ist das Ziel auf dem Lebensweg? Das I Ging macht deutlich: Es geht um Wandlung zum Selbst, authentisch und wahrhaftig. Das Verdeutlichen eines Lebensziels vermittelt Sinn, mobilisiert Kräfte im

Menschen und macht neue Lösungsmöglichkeiten sichtbar. Stillstand kann so aufgebrochen werden, um weiter zu reifen. Und dies führt zu mehr innerer Zufriedenheit, Harmonie und Glück.

Mit diesem Mitmach-Buch möchten wir dich, unseren Leser, dazu ermutigen, dich auf die uralte Symbolsprache des I Ging einzulassen. Diese schließt die Körpersprache mit ein. Veraltet anmutende Begriffe wie „Wesen" oder „Leib" werden bewusst verwendet. Sie sind nach unserer Auffassung weiter gefasst als heute gängige Begriffe wie zum Beispiel Psyche oder Körper. So meint „Leib" nicht allein den physischen, sondern den beseelten Körper, der mit der Seele untrennbar verbunden ist.

Auf diese Weise wirst du visuell, leiblich und in deinem Denken angeregt, die uralte Weisheit in dir wirken zu lassen und in Resonanz zu gehen. Wir laden dich ein auf eine Entdeckungsreise – ein interkulturelles Erlebnis und eine intellektuelle Herausforderung zugleich – und fordern dich auf, über manche gedankliche Grenze hinauszugehen und offen zu sein für Unentdecktes.

Liv Inga Hamann und Jochen Gleditsch,
Wien, Dezember 2022

Anmerkung zur Transkriptionsweise: Wir haben uns dazu entschieden, die ältere Transkriptionsweise „I Ging" beizubehalten, die auch Richard Wilhelm in seiner Übersetzung verwendete.

Der Aufbau des Buches

Dieses Buch ist in drei Teile gegliedert. Wie ein Seminarleiter werden wir dich hindurchleiten (dies ist durch dieses farbige Zeichen » und Kursivschrift kenntlich gemacht). Wir möchten dich persönlich mitnehmen in die Gedankenwelt des I Ging und dich zum Mit-denken, Mitmachen und Mit-fühlen ermuntern. Es wäre unser Wunsch, dass dieses Buch in dir nachhallt und wie ein „Führerschein fürs Leben" zukünftig für dich hilfreich sein wird auf deinem ganz individuellen Lebensweg.

Der erste Teil dieses Buches führt ein in die Theorie des I Ging. Was ist das I Ging? Was ist das Besondere an der Urstruktur? Wie begründet sich die hier vorgestellte Interpretation? Spannende Fragen, die leicht nachvollziehbar beantwortet werden.

Im Mittelpunkt des zweiten Teils des Buches stehen Bilder mit Körperübungen. Sie mögen zum eigenen Tun und Üben anregen. Durch körperliche Erfahrung lässt sich ein tieferes Verständnis des I Ging gewinnen. Begleitend zu jeder Übung werden einige zentrale Begriffe vorgestellt, wie das ursprüngliche Symbol aus dem I Ging, die chinesische Übersetzung sowie einzelne Affirmationen, also Wörter, die die Botschaft verstärkt zum Ausdruck bringen. Unser Ziel ist es, Bild, Symbol und diese bedeutungsvollen Wörter bei dir wirken zu lassen und dadurch Intuition anzuregen – über neue (leibliche) Erfahrung kann es so noch eher möglich werden, dass sich dir die tiefere Weisheit des I Ging erschließt.

Der dritte Teil des Buchs vertieft das neu erworbene Wissen. Die Verknüpfungen und Folgerungen zeigen die im I Ging enthaltenen Botschaften in ihrer Gesamtheit – und laden zum Weiterdenken und Anwenden ein. Die Wiederholungen an der einen oder anderen Stelle sind bewusst gesetzt: Die erneute Beschreibung in unterschiedlichen Zusammenhängen dient dem tieferen Verständnis.

Lass dir nun ein interkulturelles Urwissen der Menschheit nahebringen. Dies kann für dich einen Weg zum Selbst beinhalten und Sinn vermitteln, für den es sich lohnt, auf dem Lebensweg voranzuschreiten.

Inhaltsverzeichnis

Teil 1
Das I Ging entdecken

Abb. 1: Abbildung der Urstruktur des I Ging, zu Füßen des Kaisers Fu Hsi, im Sand gezeichnet ca. 3000 v. Chr.

Die Struktur des I Ging

» Nun möchten wir es dir vorstellen, das I Ging, so wie es vor Jahrtausenden von Menschen zunächst in Stein oder auf Schildkrötenpanzer geritzt worden ist: Ausgedrückt seinerzeit noch nicht mithilfe von Schriftzeichen, sondern mittels Linien in durchgezogener und unterbrochener Variation. Diese Linien bilden, zu je dreien übereinander gestellt, ein Trigramm. Acht Trigramme in einen Kreis gestellt, bilden die I-Ging-Darstellung, die wir nun weiter betrachten möchten.

Die Urstruktur

Das I Ging ist eines der ältesten Dokumente der Weltliteratur. In seiner Urstruktur, die aus acht Trigrammen besteht, geht es auf den Kaiser Fu Hsi (ca. 3000 v. Chr.) zurück, der in der Abbildung dargestellt ist. Vor seinen Füßen erkennt man den Code des I Ging im Sand gezeichnet. Die in ihm enthaltene tiefere Weisheit scheint der Grund dafür zu sein, dass es über Generationen und Tausende von Jahren hinweg erhalten und weitergegeben wurde. Diese Weisheit ist interkulturell anwendbar und für alle Menschen gültig.

Über die Jahrhunderte wurde das I Ging in seiner Weiterentwicklung mit 64 Hexagrammen meist als Orakel angewandt. Viele Menschen haben hierdurch Antworten auf existenzielle Fragen gefunden. Aber die Nutzung als Orakel ist nicht Thema unseres Buches. Wir gehen bewusst auf die Urstruktur des I Ging in ihrer Symbolsprache und mit ihren acht Trigrammen zurück. Wir sind überzeugt, dass eben dies sein Bewahren und seine Lebendigkeit über die Jahrtausende gesichert hat.

Es ist erstaunlich, dass die Aussagen des I Ging weiterhin aktuell und speziell für unsere Zeit von Bedeutung sind.

Exkurs

Faszinierend sind die Übereinstimmungen der 64er-Struktur mit modernen wissenschaftlichen Erkenntnissen: So besteht zum Beispiel eine Parallele zwischen der 64er-Struktur aus acht mal acht Trigramm-Variationen des I Ging zur menschlichen DNA-Struktur mit ihren acht mal acht Aminosäurepaaren und deren Kombinationen (siehe auch S. 72). Noch erstaunlicher aber ist, dass man im I Ging bereits einen Binär-Code angewandt hat – 3000 Jahre bevor Informatik und Kybernetik den Binär-Code im Eigentlichen entdeckten. Dieser Code erweist sich als Ur-Prinzip der Polarität in der Form einer durchgezogenen sowie einer unterbrochenen Linie, aus denen die acht Trigramme aufgebaut sind.

Voraussetzung für das tiefere Verständnis ist ein subtiles Sich-Einlassen auf die Symbolsprache.

Historische Symbole und Bilder bieten hierbei große Vorteile, denn sie begegnen dem Lesenden oder Betrachtenden mehr als deutbare denn als faktische Aussage.

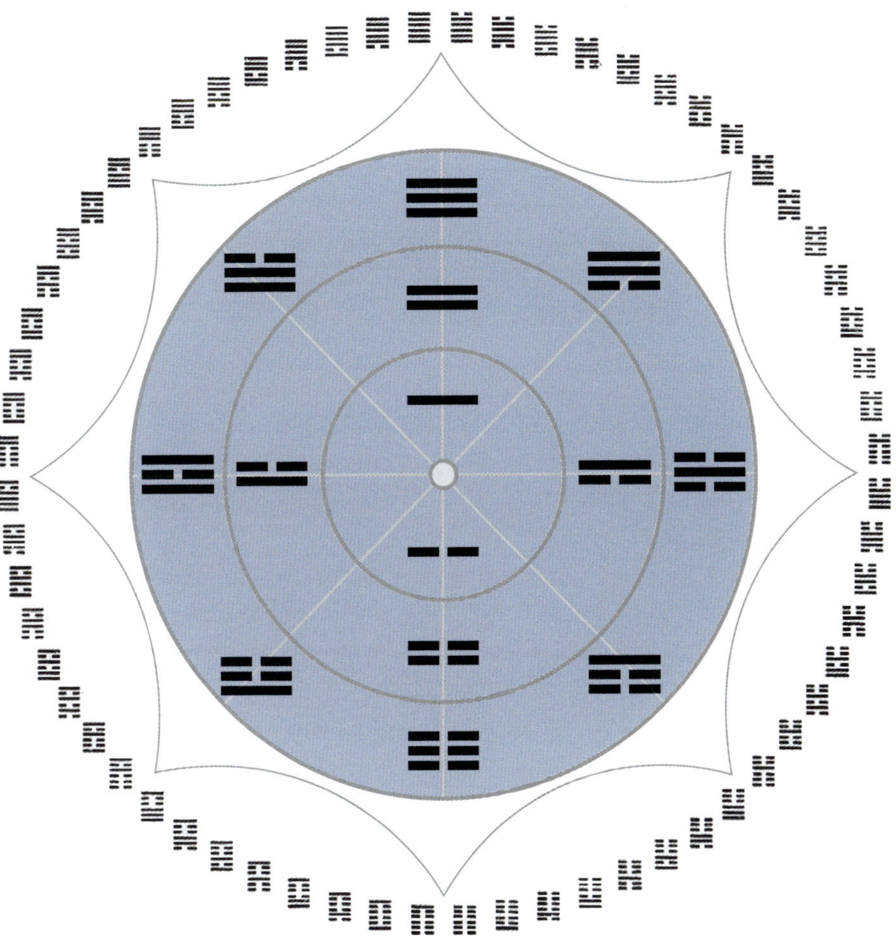

Abb. 2: Das Orakel des I Ging mit den 64 Hexagrammen.

Die Trigramme der Achter-Grundstruktur und ihr Bezug zum Orakel

» Beginnen wir nun mit der Betrachtung des I Ging. Ihr seht sie, diese besondere Abbildung der acht Trigramme im Kreis – wie ein Rätsel. Faszinierend, dieses zu entschlüsseln. Hierzu müssen wir die Symbolsprache zu lesen lernen …

Die Trigramme bilden gemeinsam die Grundstruktur des I Ging: Die acht in den Kreis gestellten Linien-Codes sind die älteste Darstellung des I Ging. Auf dieser Grundstruktur beruhen auch die Überlegungen dieses Buches.

Jedes Trigramm wird gebildet aus jeweils drei übereinander liegenden Linien. Es gibt zwei Formen von Linien: unterbrochene Linien und durchgezogene Linien. Diese Linien lassen sich in acht unterschiedliche Dreierkombinationen bringen.

Die wohl später entstandene Form des Orakels (siehe Abb. 2) setzt sich hingegen aus 64 Hexagrammen (sechs Linien übereinander) zusammen. Sie ergeben sich mittels Potenzierung der acht Trigramme: Jedes Trigramm der Achter-Urstruktur geht mit jedem anderen Trigramm eine neue Kombination ein. Jedem so gebildeten Hexagramm ist jeweils eine Metapher, ein Rat gebender Weisheitsspruch zugeordnet. Wird dem Orakel eine Frage vorgelegt, fällt mittels Stäbchen-, Münz- oder Würfelwurf die Wahl auf ein Hexagramm samt zugehöriger Metapher. Aus diesem Sinnspruch ergibt sich der Rat des Orakels. Auf diese Weise fühlen sich Menschen seit Jahrhunderten in Entscheidungsprozessen durch das Orakel im I Ging unterstützt.

Wie kann ein Orakel treffende Antworten geben? Auch wenn uns diese mystisch anmutende Orakelfunktion unerklärlich ist, fasziniert sie dennoch. Es scheint, als ob das I Ging über Jahrtausende tiefe Weisheiten über das Wesen des Menschen überliefert hat und hierauf die Orakelantworten beruhen. Die verborgene Weisheit scheint nichts an ihrer Aktualität verloren zu haben.

» Doch wie wir zeigen werden, schlagen bereits die acht Trigramme der Urstruktur des I Ging eine Brücke zwischen der chinesischen Weisheit und der Psychologie der heutigen Zeit. Ja, sie beinhalten noch weit mehr! In ihnen sind das Wesen und der Weg des Menschen codiert - mit seinen Anlagen, seinem Wachsen, seinem Reifen, seinen Wandlungsstufen.

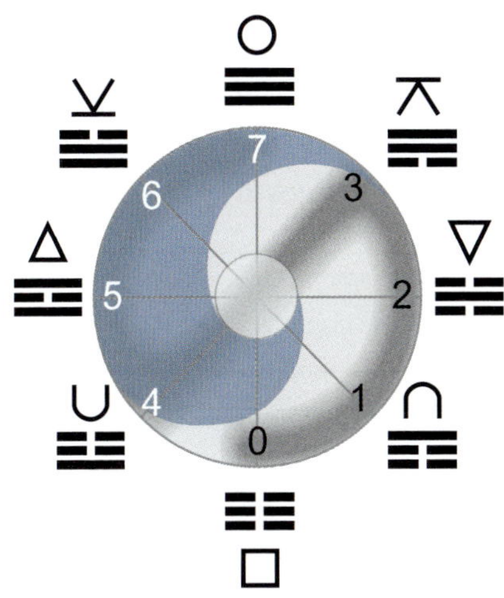

Abb. 3: Die I-Ging-Achter-Struktur mit Trigrammen sowie Kenn-Symbol in ihrer Kreisanordnung mit Mittendurchkreuzung. Die Nummern weisen die Reihenfolge.

Von Weich nach Fest – eine zielgerichtete Entwicklung

» Was zeichnet die Trigramme aus? Sie sind zusammengesetzt aus zwei Grundsymbolen: die durchgezogene und die unterbrochene Linie - ein Gegensatzpaar.

Und die Reihenfolge? Wieso diese Ordnung? Die Anordnung der acht Trigramme im Kreis ist nicht zufällig, sondern folgt einer Logik (siehe Abb. 3).

Am unteren Pol, dem Nadir des Kreises, findet sich das Trigramm mit den drei unterbrochenen Linien, und am oberen Pol, dem Zenit, das mit den drei durchgezogenen Linien. An Nadir und Zenit sind damit zwei gegensätzliche Trigramme dargestellt: Ursprung und Ziel. Von Ursprung nach Ziel – ein Wandlungsweg!

» *Wie lässt sich dieser Wandlungsweg aus dem Linien-Code ableiten? Hierfür ist es notwendig, die Symbolsprache zu entschlüsseln, die Bedeutung der Linien und ihrer Kombinationen aufzudecken.*

Die unterbrochene Linie zeigt jeweils das Weiche, Tendenz-Offene, zur Wandlung Anstehende an. Die durchgezogene Linie dagegen symbolisiert das bereits Gewordene, Geformte, Manifestierte. Bemerkenswert ist, dass im (chinesischen) Text der I-Ging-Überlieferung für die Trigramme des Ursprungs und des Ziels ausschließlich das Gegensatzpaar Weich/Fest verwendet wird.

Dies ist interessant, da im Chinesischen die Urpolarität zumeist mit Yin/Yang ausgedrückt wird. Das Gegensatzpaar Weich/Fest beinhaltet jedoch eine andere Aussage: Während Yin/Yang nach einem Miteinander, nach Ausgleich, nach Harmonie strebt, zeigen die Worte Weich/Fest eine voranschreitende Formung an – vom „Weichen" hin zum „nach und nach Gefestigten/Geformten". Vom Ursprung zum Ziel auf einem Weg.

Dieser Entfaltungs- bzw. Formungsweg wird in der Trigramm-Folge sichtbar aufgezeigt: Es ist eine Entwicklung hin zu einem Ziel!

Die drei unterbrochenen Linien übereinander bilden die Steigerung der Aussage des Weichen: Es ist das dreifach Ungeformte, noch nicht Gestaltete, Weiche, Ursprüngliche. Dies ist der Ursprung, der Beginn einer Entwicklung. Stell dir einen Bildhauer vor, der im Baumstamm oder Marmorblock (noch ungeformt) die Anlage seines Kunstwerkes bereits erkennt und dieses bis zur vollen Ausgestaltung formt. Oder wie beim Töpferhandwerk der weiche und ungeformte Ton zum Kunstwerk vollendet wird.

In der Symbolsprache der Trigramme wird solch eine Formgestaltung dargestellt: von den drei Tendenz-offenen Linien am Kreisboden (Nadir) hin zu den drei Voll-Linien am höchsten Punkt (Zenit) des Kreises.

Die Formgestaltung läuft über acht Stationen, nämlich die acht im Kreis stehenden Trigramme. Etappenweise wird die Entwicklung vollzogen. Jedes Trigramm bringt dabei eine Veränderung ein: Die Kombination der Voll-Linien mit den offenen Linien ist für jedes Trigramm einzigartig. Diese einfache Bildsprache zeigt die schrittweise Formveränderung an. Jedes Trigramm symbolisiert einen weiteren Entwicklungsschritt, einen Zugewinn auf dem Weg.

Die Entwicklung scheint von den drei offenen Linien im Nadir zu den drei Voll-Linien am Zenit des Kreises zu gehen.

» *Wie ergeben sich die Zwischenschritte? Wie kann sich eine fortlaufende Entwicklung im Kreisrund entwickeln?*

Rund und doch fortlaufend – der Entwicklungsbogen mit seiner Diagonalen

» *Die aus der Frühzeit überlieferten Bilder des I Ging zeigen nicht einfach eine Kreisbewegung, sondern eine den Kreis schräg durchquerende Diagonale von rechts oben nach links unten auf (siehe Abb. 5), also eine Mittendurchkreuzung. Der tiefere Sinn dieser Diagonale war bisher ungeklärt geblieben.*

Diese Mittendurchkreuzung ist jedoch entscheidend: In der Entwicklung von einem Ursprung am Nadir zu einem Ziel im Zenit bahnt die Diagonale einen weiteren Aufstieg auf der Gegenseite. Die Durchkreuzung der Mitte nach der ersten Kreishälfte führt zu einem weiteren Aufstieg auf der Gegenseite des Kreises. Es entsteht ein durchgehend aufsteigender Entwicklungsweg zum Ziel hin: Ursprung am Nadir, vor-mittiger Aufstieg, Mittendurchkreuzung, nach-mittiger Aufstieg hin zum Ziel im Zenit.

Dieser fortschreitende Entfaltungsweg findet seine Bestätigung, wenn man die Trigramm-Schreibweise in den mathematischen Binär-Code übersetzt:

- 0 für die unterbrochene Linie,
- 1 für die durchgezogene Linie.

Daraus resultiert ein dreistelliger Ziffern-Code. Die Übersetzung des Liniencodes zeigt eine Folge von 000 bis 111, vom Ursprung zum Ziel, somit:
000 – 001 – 010 – 011 – 100 - 101 – 110 – 111

Als Achter-Folge in den Kreis gestellt, so wie die Trigramme im I Ging, ergibt sich auch aus der kybernetischen Code-Schreibweise die Notwendigkeit der Mittendiagonale, um die logische Fortsetzung des Aufstiegsweges einzuhalten: eine zielgerichtete Entwicklung von 000 nach 111.

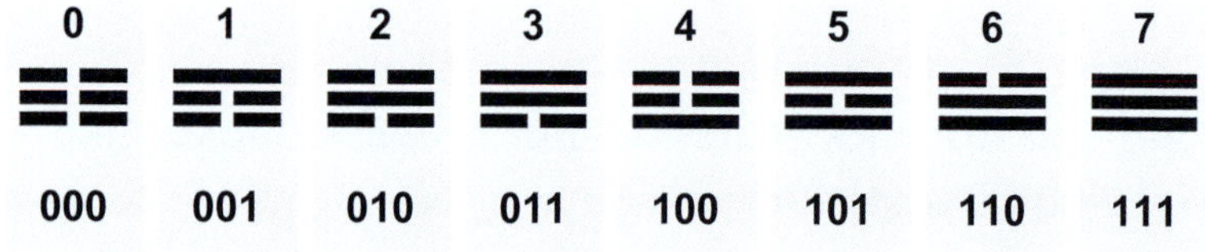

Abb. 4: Die Trigramme und ihre binäre Übersetzung in den dreistelligen Ziffercode als Herleitung der aufsteigenden Reihenfolge.

» *In Anwendung auf den Menschen lautet daher die Botschaft der Achter-Grundstruktur: Der Mensch durchläuft auf seinem Lebensweg eine Entwicklung zu einem Ziel hin. Es gibt ein Lebensziel!*

Und die Botschaft geht noch weiter, denn wo ein Ziel ist, da gibt es auch einen Sinn. Einen Lebenssinn!

Exkurs

I Ging bedeutet „Buch der Wandlungen" – und Wandlung hat nur einen Sinn, wenn sie zielorientiert ist. Dies ist das Besondere an der Botschaft der Urstruktur mit den acht Trigrammen und ihrer Anordnung im Lebensrad: Wandlung zu einem Ziel.

» An dieser Stelle wird das Urwissen im I Ging lebendig und anwendbar - die Botschaft wird sowohl aus der so einfach codierten Symbolschrift ablesbar als auch aus ihrer Kreisstruktur. Diese verdient nun eine noch genauere Betrachtung.

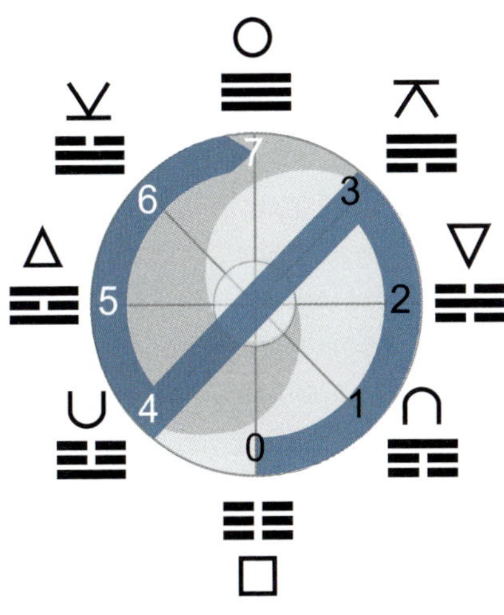

Abb. 5: Die Achter-Struktur des I Ging mit Trigrammen und Symbol sowie der Monade mit offener Mitte und die diagonale Mittendurchkreuzung.

Einzig in der Gesamtheit – die Bedeutung der Kreisdarstellung

Durch die Darstellung der Trigramme im Kreis sind zudem Beginn und Ziel wie auch jede weitere Station integraler Teil eines Ganzen: Jedes einzelne Trigramm wird in seiner Bedeutung für das Gesamte transparent. Jedes ist wichtig. Wichtig für das Ganze. Fehlt auch nur eines, ist die Kreisstruktur nicht mehr funktional.

Der Kreis bildet eine umschlossene Einheit, in die alle Einzelteile einbezogen sind. Das Kreisbild zeigt des Weiteren an, dass es kein Ende gibt. Das Ziel wird auf dem Weg immer wieder zu einem (Neu-) Anfang, denn der Kreis kann als aufsteigende Spirale weitergedacht werden. Die Entwicklung/Reifung hört nie auf.

Einzig durch die Mitte – die Bedeutung der Durchkreuzung

Jeder Kreis hat auch ein Zentrum, eine Mitte, um die sich alles dreht. Eine Mitte, die bei Diagonaldurchkreuzung berührt wird.

» *Beim Einlassen auf die uralte Symbolsprache hilft es, den Kreis als Lebensbogen zu verstehen und uns folgende Fragen zu stellen: Was ist meine Mitte? Welches Bild habe ich von meiner Mitte? Sicher denkst du an dein Herz, dein Zentrum. Dies könnte mit Blick auf den dargestellten Lebensbogen heißen:*

- *Ein offenes, weites Herz in der Mitte (des Lebensrads) macht Reifung und Wandlung möglich. Es gibt Schwung aus der Mitte: Herzfreude und Seligkeit kommen auf.*
- *Ein enges Herz hingegen bremst die weitere Entfaltung: fehlender Schwung, mangelnde Freude, Antriebslosigkeit.*

QiGong-Praktizierende mögen auch an das Dantian als ihr Zentrum denken und das Bild entsprechend anpassen.

Nur dank der diagonalen Durchkreuzung der Kreismitte nach der ersten Hälfte entfaltet sich der Weg zum Zenit weiter zielbezogen. Dies lässt sich aus dem Liniencode der Trigramme ablesen: Es ist eine fortlaufende Formgestaltung.

Die Durchkreuzung der Mitte ist also Teil des Entfaltungsweges. Sie erfolgt nach der Hälfte und ist erforderlich, um weiter voranzuschreiten. Angewandt auf den Lebensweg des Menschen heißt die Botschaft des I Ging: Der Mensch muss durch die eigene Mitte gehen.

Exkurs

Die Mittendurchkreuzung ist etwas Besonderes – nur durch sie ist ein weiterer aufsteigender Lebensweg im Kreisrund der I-Ging-Symbole möglich. Im Trigramm-Modell des Menschen ist die Mittendurchkreuzung unabdingbar, nur so ist ein durchgehender Wandlungsweg möglich.

» *Meist ist dies als Wendepunkt in der Lebensmitte gekennzeichnet – in Verbindung mit Sinnfindungskrisen. Dass in diesen Krisen zugleich*

Chancen stecken, ist auch in einem chinesischen Schriftzeichen verankert: Für Krise und Chance gibt es nur ein gemeinsames Schriftzeichen.

Doch wie lässt sich die Botschaft des I Ging konkret auf das Wesen und den Weg des Menschen anwenden? Dabei geben die Kenn-Namen der Trigramme wertvolle Hilfestellung.

Hin zum Bild des Menschen – Kenn-Namen, -Eigenschaften, -Figuren

Schaut man in die alten chinesischen Texte, finden sich zu jedem der acht Trigramme zugeordnete Kenn-Namen und charakteristische Kenn-Eigenschaften aus der Natur (siehe Abb. 6). Diese helfen bereits, die Botschaft der Symbole weiter zu deuten.

Linien-Code	Kenn-Name	Kenn-Eigenschaft	Kenn-Figur	Symbol-Name (nach Gleditsch)
☷	Erde *(Kun)*	empfangend, bergend	□	Kubus, Truhe
☶	Berg *(Gen)*	ruhend, stillhaltend	∩	Säulenbogen, Tor
☵	Wasser *(Kan)*	dunkel, tief, abgründig	▽	Dreieck spitz unten, Kreisel
☴	Wind *(Sun)*	sanft, eindringend	⊼	Wippe
☳	Donner *(Dzhen)*	erregend (Gier anregend)	∪	Schale
☲	Feuer *(Li)*	klar, haftend, erkennend	△	Dreieck spitz oben, Pyramide
☱	See *(Dui)*	heiter (Licht reflektierend)	⊻	Flügel, Arme
☰	Himmel *(Kien)*	schöpferisch	○	Kreis, Kugel, Sonne

Abb. 6: Die Trigramme mit Kenn-Namen, Kenn-Eigenschaft und Kenn-Figuren.

Sie alleine aber führen noch nicht zum Bild des Menschen im I Ging. Erst die Ergänzung durch die Kenn-Figuren macht es vollständig.

Diese Kenn-Figuren wurden vor einigen Jahrzehnten von Lama Govinda in einem überlieferten I-Ging-Kommentar, dem „Shuo Gua", wiederentdeckt. Es handelt sich um acht einfache Strichfiguren, die als Symbole für den Menschen gelten können. Sie sind aus den acht Trigrammen abgeleitet und übermitteln daher die gleiche Aussage oder Botschaft – wenn auch in anderer Darstellung.

Diese Kenn-Figuren machen die Trigramm-Aussagen leichter deutbar. Es ist fast so, als könne man in den Figuren sprechende Gebärden und Gesten erkennen.

In der Zusammenschau von Kenn-Name, Kenn-Eigenschaft und Kenn-Figur eröffnet sich der Bezug der acht Trigramme zum Wesen des Menschen und zu seinem Wandlungsweg auf augenfällige Weise.

» *Lass die Kenn-Figuren auf dich wirken.*
Die Erde ist ein einfaches Quadrat - eine Schatztruhe.
Der Berg - ein Rundbogen.
Das Wasser ein unten spitzes Dreieck - ein Kreisel.
Der Wind wird symbolisiert durch die Wippe.
Der Donner wird angezeigt mit der weit offenen Schale.
Das Feuer in Form eines oben spitzen Dreiecks - die Pyramide.
Der See - ein Bild von zwei Flügeln oder hoch gestreckten Armen.
Der Himmel - eine Kugel wie eine Sonne.

Der Stufenweg des Menschen im I Ging – Wandlung als Vorankommen

Abb. 7: Die I-Ging-Kreisstruktur mit Trigrammen und Kenn-Figuren sowie dem Lebensbogen des Menschen.

Aus der Dreiheit von Kenn-Namen, Kenn-Eigenschaft und Kenn-Figur lassen sich schlüssige Folgerungen ziehen. So kann das I Ging auf den Weg und das Wesen des Menschen gedeutet werden. Die acht Trigramme zeigen die Wandlung an, die sich in sich aufbauenden Schritten (je Trigramm) vollzieht.

Ein weiterer Hinweis aus der I-Ging-Überlieferung führt uns auch zum Bild des Menschen im I Ging: die Darlegung der acht Trigramme als eine Familie und das in vier Paaren: Mutter-Sohn, Vater-Tochter, und zweimal Bruder-Schwester. Jeweils ein männliches und ein weibliches Trigramm gehören zusammen und bilden ein Paar, ein Duo. Im Folgenden bezeichnen wir diese Trigramme als „Ausgangs-" und zugehöriges „Partner-Trigramm". Gemeint sind die jeweiligen zwei Trigramme, die zusammen ein Paar (m/w) bilden. So entstehen vier Paare, im Kreis stehend.

Die Erde – Schatztruhe ☷

Das erste Trigramm „Truhe" weist drei unterbrochene Linien auf.
Es steht am Beginn des Lebensbogens und symbolisiert den Urgrund: das Ursprüngliche, Umschlossene, das Ungeoffenbarte, Verborgene.
Als die „Mutter" der Trigramm-Familie ist es weiblich.
Der Kenn-Name Kun heißt überliefert: das Empfangende, Bergende und Irdische, auch Materielle (lat. mater).
Die zugehörige Kenn-Figur ist ein Kubus, der auch als (Schatz-)Truhe interpretierbar ist. Dieses Symbol repräsentiert das Ererbte, Vorgegebene, die verliehenen Valenzen und Talente – das schon im Keim angelegte „Programm". Hierfür hält die „Schatztruhe" das Potenzial, die energetische Ressource bereit, ebenso wie die genetisch vorgegebenen leiblichen und geistigen Strukturen und Möglichkeiten. Im Sinne unserer heutigen Technik kann der Kubus auch als Symbol für die immer wieder neu aufzuladende Batterie gesehen werden.

Abb. 8: Die Kenn-Figur des Trigramms Erde.

Der Berg – Rundbogen ☶

Das Partner-Trigramm „Rundbogen" weist zwei unterbrochene Linien und darüber eine durchgezogene Linie auf.
Es gilt als Sohn, also als männlich.
Der Kenn-Name lautet Gen, der Berg, aber auch die Ruhe, das Stillhalten. Der Berg – als das Symbol der Aufrichtung – ist Ausdruck von Stabilität, Gestalt und Masse, im weiteren Sinne von Feststehendem, Beständigem, Dauerhaftem.
Die Kenn-Figur des Rundbogens, der auf zwei Füßen ruht, zeigt die Erdverwurzelung an. Der Bogen gleicht einer Pforte, durch die der Mensch hinaus in das Leben tritt, seiner Bestimmung und seinen Trieben folgend; hinter der er sich aber auch zurückziehen kann – zum „Bei-sich-Daheimsein". Schließlich ist die Figur auch als Phallus deutbar: Symbol von Zeugungskraft und Trieb.

Abb. 9: Die Kenn-Figur des Trigramms Berg.

Das Wasser – der Kreisel

Das Ausgangs-Trigramm „Kreisel" zeigt oben und unten unterbrochene Linien, während die Linie in der Mitte durchgezogen ist.
Es ist als Sohn ausgewiesen.
Der Kenn-Name Kan bedeutet Wasser, ergänzt durch die Kenn-Eigenschaften „dunkel, abgründig".
Die Kenn-Figur des auf der Spitze stehenden Dreiecks ist dreidimensional gesehen ein Kreisel – der Inbegriff der frei rotierenden, spielerischen Bewegung. Diese ist deutbar als ein Symbol des Ich, das um die eigenen Achse tanzt. Der ausladende obere Rand weist auf einen Platzanspruch hin, wie er durch in Positur gesetzte, breite Schultern zur Geltung kommt.

Das Symbol spiegelt auch Emporsteigendes, „Empörung", aufwallende Affekte wider. Diese haben im Bild des I Ging ihre Quellen „unten" – im Unbewussten, Dunklen, Unberechenbaren. Affekte können aus der Seelentiefe emporschießen wie aus einem Vulkan. Der dunkle Abgrund mag auch für die kollektiven und archetypischen Mächte stehen, die den Menschen bedrängen und beherrschen wollen. Das Dunkle, Abgründige ist aber ebenso die Quelle von Beschwingtheit, von Vitalität, von Mut und Abenteuerdrang, von Spontaneität, Originalität und Lebenslust. Dazu gehört auch das Lusterleben, die Libido, die den leibverhafteten Trieb mit Glücksgefühlen erfüllt.

Abb. 10: Die Kenn-Figur des Trigramms Wasser.

Der Wind – die Wippe ☴

Die beiden oberen Linien des Partner-Trigramms „Wippe" sind durchgezogen, die untere unterbrochen.
Es gilt als Tochter.
Der Kenn-Name Sun ist Wind, die Kenn-Eigenschaft „sanft, nachgiebig".
Die Kenn-Figur – eine Horizontale, gestützt auf zwei gespreizte Beine – lässt eine Wippe erkennen. Die Wippen-Figur symbolisiert Balance, welche die überschießenden und unberechenbaren „abgründigen" Emotionen und Affekte auszugleichen vermag. Die Spitze als Sinnbild für das Ich ist bei der Wippe der spitze Drehpunktträger des Schaukelbalkens. Die aus der Figur ablesbare Wendigkeit ist Ausdruck des emotionalen „Auf und Ab". Das Überschießende und Schwankende der Affekte kann aber aufgefangen werden durch die Fähigkeit, sich situativ anzupassen und einzufügen. Das Ich ist der Angelpunkt und bezieht seinen vitalen Schwung aus seiner Fähigkeit zum Austarieren der jeweils gebotenen Chancen.

Die weit ausladende Horizontale kann jedoch auch als Drang nach Ausdehnung des eigenen Umfelds und Spielfelds gesehen werden. Die breit in den Boden gestemmten Beine besagen, dass der Mensch sich seiner eigenen Kräfte bewusst ist: Nichts vermag ihn umzustoßen.

Abb. 11: Die Kenn-Figur des Trigramms Wind.

Die Mitte

Die einzige Möglichkeit, im Kreisrund eines Achter-Systems einen fortlaufend aufsteigenden Wandlungsweg darzustellen, liegt in der Durchkreuzung des Zentrums „nach unten". Es stellt sich die Frage, welche Symbolik aus diesem „Hinab zur Mitte" ablesbar ist.

Auf die Reifung des Menschen bezogen kann damit die Notwendigkeit der Besinnung und Sinnfindung gemeint sein, das Berührt-Werden von der eigenen Wesensmitte, dem Herzen. Gleichzeitig kann es die Konfrontation mit dem eigenen inneren Chaos versinnbildlichen und damit die Begegnung mit Krisen. Solche Lebenskrisen können den Menschen nicht nur, wie die Midlife-Crisis, einmal und in der Mitte des Lebens aufsuchen, sondern mehrfach, denn fortlaufende Wandlung ist auf dem Lebensweg erforderlich. Der Weg durch die Mitte ist kein bloßes Fortschreiten, sondern bedeutet eine Wende, eine Umpolung oder auch einen Absturz.

Jeder Einstieg in eine neue Lebensphase – zum Beispiel zu Beginn der Berufsausbildung, bei Aufnahme in den Erwachsenenstatus – kann mit der Berührung und Kreuzung der Mitte gemeint sein.

Es ist ebenfalls möglich, den Weg durch die Mitte als einen „Spurwechsel" zu sehen: In der ersten Kreishälfte läuft der Aufstieg auf der Außenspur, in der zweiten wechselt er auf die Innenspur. So verwirklicht sich das „Mitten im Leben Stehen" im bewussten und verantwortungsvollen Handeln, aber ebenso im Wissen um den Sinn.

Der Donner – die Schale 

Das Ausgangs-Trigramm „Schale" besteht aus zwei unterbrochenen Linien oben und einer durchgezogenen Linie unten.

Es gilt als Sohn.

Der Kenn-Name ist Dzhen für „Donner", die Kenn-Eigenschaft ist „erregend".

Die Kenn-Figur der Schale steht für wache Regsamkeit, Getrieben-Sein (Aktionismus) im Sinne von (Neu-)Gier, Interesse, „Haben Wollen" bzw. „In den Griff bekommen Wollen". Die Schale ist ein Sinnbild für Offenheit, von Verlangen nach Inhalt und Sättigung, Fülle und Erfüllung. Gleichzeitig steht sie für Erfassen, Durchdringen und Vereinnahmung – wie ein offener Mund die Speise vereinnahmt. Dieser Hunger nach immer neuer stofflicher wie mentaler Nahrung entspricht einem Grundbedürfnis des Menschen. („Ich will mehr!")

Dies in der Schale ausgedrückte Verlangen ist auch Ausdruck der Versuchung, immer noch mehr haben zu wollen. Bezeichnenderweise ist die Schale unten gerundet – also höchst instabil: Überfüllung führt zum Kippen des Gefäßes!

Dieses Greifen nach mehr drückt sich auch im Miteinander im sozialen Rollenspiel aus. Dabei kann sich allerdings der Aktionismus zum Zugriff und Übergriff steigern: zu Machtbestreben, Manipulation, „aufgedonnerten" Herrschaftsansprüchen. Das Überzogene und Übermäßige gilt ebenso für übertriebene Besorgnis, Über-Bemühtsein (Helfer-Syndrom), das Rotieren um eigene Sorgen, selbstproduzierten Leistungsdruck. So lässt sich die U-Form der Schale auch als U-Rohr mit kommunizierenden Röhren deuten: Ein ungleicher Pegelstand spiegelt den Wettkampf um das Überlegensein, Sich-nicht-unterkriegen-Lassen, Konkurrenz, Missgunst, Neid wider.

Die Platzierung des „Donners" nach dem „Absturz durch die Mitte" mag besagen, dass der Mensch lautstark aufgerufen ist, seinen Weg nunmehr in voller Bewusstheit und Verantwortung zu gehen.

Abb. 12: Die Kenn-Figur des Trigramms Donner.

Das Dreieck – die Pyramide 

Beim Partner-Trigramm „Pyramide“ umschließen zwei durchgezogene Linien die unterbrochene Linie in der Mitte.
Es gilt als Tochter.
Der Kenn-Name ist Li, was als „Feuer“ überliefert wird. Die Kenn-Eigenschaften sind „klar, haftend, erkennend“.
Die Kenn-Figur ist das aufrechte Dreieck bzw. die Pyramide. Sie steht für klare Abgrenzung, die Ordnung, das Maßvoll-Rationale. Die Pyramide ist Sinnbild des Raumes in seiner Dreidimensionalität. Aus diesem Raumerleben konstituiert sich das kognitive Weltbild des Menschen. Sie drückt gleichzeitig eine Umrahmung, eine Begrenzung aus als Bild für die Regeln und Gesetze, die im sozialen Miteinander vonnöten sind.
Die drei Ecken des Dreiecks repräsentieren den dreifachen Beziehungsrahmen des Menschen: erstens die Beziehung zu sich selbst, zweitens die zum Mitmenschen und drittens zur übergeordneten Sinnfindung. Die beiden unteren Ecken des Dreiecks symbolisieren das Gegenüber-Stehen und können daher auch zwei verschiedene Standpunkte darstellen. Die Basis des Dreiecks ist ein Bild für die Beziehung, den Dialog wie auch die Diathese. Die Dreiecksspitze symbolisiert die Synthese, die Über-Einkunft, aus der ein gemeinschaftliches Werk, eine Sinngebung gestaltet werden kann.

Abb. 13: Die Kenn-Figur des Trigramms Dreieck.

Der See – die Flügel

Das Ausgangs-Trigramm „Flügel" weist ganz oben noch eine letzte unterbrochene Linie auf.
Es gilt als Tochter.
Der Kenn-Name ist überliefert als Dui, „See". Die Kenn-Eigenschaft ist „heiter". Sie weist auf das Glitzern des Sees hin. Folglich ist nicht Wasser als flüssiges Element gemeint, sondern die „spiegelglatte" Oberfläche: Reflexion des einstrahlenden Lichts – der wie aus der Tiefe des Sees zurückstrahlende Widerschein. Solche Reflexion wird auch mit Resonanz assoziiert: Mitschwingen und sich Einstimmen – Übereinstimmung.
Die Kenn-Figur zeigt zwei aus einer horizontalen Basis schräg in die Höhe weisende Streben, wie zwei hochgestreckte Arme, zwei Flügel oder Fühler eines Insekts. Die Figur versinnbildlicht damit die Sehnsucht: Der Mensch sucht eine Verbindung, eine Orientierung „nach oben". Dieses Symbol kann als Ausdruck des Hoffens und der Empfangsbereitschaft für eine Botschaft gedeutet werden, aber auch als Ausdruck des Darbringens und Loslassens, des Offenlegens und Sich-Hingebens.

Abb. 14: Die Kenn-Figur des Trigramms See.

Der Himmel – die Kugel/Sonne 

Die drei durchgezogenen Linien des Ziel-Trigramms „Kugel" kennzeichnen das Wandlungsziel, das erfüllte Selbst.
Es gilt als Vater, jedoch nicht im Sinne eines übersteigerten Yang, sondern meint das Selbst als das „Ausgeformte", aber nicht Erstarrte.
Das Trigramm trägt den Kenn-Namen Kien, das „Himmlische". Die Kenn-Eigenschaften sind „schöpferisch, Impuls-gebend".

Der Kreis bzw. die Kugel ist Sinnbild des Erfüllten, Vollendeten – wie auch der Sonnenball. Das Innere der Kugel bleibt Geheimnis. Es mag dem Selbst als dem Ziel der Bestimmung des Menschen entsprechen. Das errungene Selbst des Individuums sollte allerdings nicht mit Vollkommenheit gleichgesetzt werden. Weit mehr geht es um das Mögliche und somit Erreichbare im Sinne der individuellen Bestimmung: wie der Einzelne „gemeint ist" – in seiner Identität und Würde. Damit hat auch der am Ziel des Lebensbogens Angelangte sich allzeit in Einfalt und Demut und Eingebunden-Sein zu üben.

Abb. 15: Die Kenn-Figur des Trigramms Himmel.

» *Durch die Symbolentschlüsselung wird eine Botschaft sichtbar! Auf dem Weg zu einem Ziel unterwegs zu sein, auf dem eigenen Lebensweg, das vermittelt Sinn. Doch welches ist dieser Sinn? Und wie oder wodurch komme ich voran? Es scheint in Stufenschritten voranzugehen, die diese acht Trigramme darstellen. Wie stehen die acht Trigramme in Interaktion? Lässt sich hieraus etwas ableiten?*

Gerade wenn man den Symbolen des I Ging nun begegnet vor dem Hintergrund moderner Menschenbilder und Erkenntnisse, ist es hilfreich, nicht nur die kausal-analytische Denkweise unserer Kultur anzuwenden, sondern sich zudem auf das Wahrnehmen von Stimmigkeiten einzulassen – wie dies der große Atomphysiker Hans-Peter Dürr zurecht im Hinblick auf Modelle und Systeme forderte. Denn die Begegnung mit Bildern und Symbolen schafft deutbare Aussagen.

» *Hierzu möchten wir dich nochmal zur näheren Betrachtung der Trigramme in ihrer Kreisanordnung einladen. Darauf wollen wir im Folgenden eingehen.*

Die Trigramm-Duos und die vier Reifestufen

Abb. 16: Das Lebensrad: Die acht Kenn-Symbole mit farblicher Hinterlegung der vier Wandlungsstufen.

In der Überlieferung des I Ging bilden je zwei der acht Trigramme ein Duo, sie bilden wie gesagt ein Paar (m/w). Dank dieser m/w-Paarbildung lässt sich die Achter-Struktur des Trigrammkreises auch als Vierer-Struktur lesen. Es handelt sich um eine zur Acht gespreizte Vierer-Ordnung.

Jedes Duo bildet eine inhaltliche Einheit, in der die zugehörigen Trigramme wie gegensätzliche Pole agieren – eine polare Spreizung. So kann die inhaltliche Bedeutung in seiner gesamten Spannbreite dargestellt werden.

Hieraus lassen sich Parallelen zu anderen Vierer-Modellen vom Menschen ableiten (Näheres ab S. 82). Die Trigramm-Duos können die Grundaussagen dieser Vierer-Modelle wesentlich bereichern, da sich durch die „aufgespreizte Vier" eine weitere Deutung ergibt. Denn die jeweils zusammengehörenden Trigramme eines Duos enthalten polare Aussagen. Die unterschiedlichen Aspekte unterstehen einem gemeinsamen übergeordneten Prinzip.

Exkurs

Das Wesen des Menschen – seine innere Beschaffenheit – zu verstehen, wurde und wird in vielen Kulturen angestrebt. Es ist bemerkenswert, dass die meisten Modelle den Menschen in vier Wesensbereiche aufteilen.

Während die Wesensbereiche in den meisten Modellen als abstrakte Begriffe erscheinen und eher theoretisch bleiben, wird durch die Bildsymbolik der I-Ging-Trigramme jede Stufe anschaulich und lebendig.

In der Abbildung 16 sind die acht Strichfiguren in den Kreis gestellt, die Paarbildung wird durch die farbliche Hinterlegung deutlich und vier Stufen der Wandlung werden sichtbar: Wandlung im Sinne von Entfaltung und Reifung. Der Reifungsweg des Menschen ist ein dynamisch-fließender Prozess wie ein Lebensrad.

Gerade durch die Dynamik innerhalb der einzelnen Wandlungsstufen wird eine weitere Entwicklung möglich. So geht es in der zweiten Stufe, die die Emotion versinnbildlicht (siehe S. 43) um zwei unterschiedliche Aspekte, nämlich eine Hard-Emotion (abgründig, aufwallend) auf der einen Seite und Soft-Emotion (nachgiebig, ausgewogen) auf der anderen.

Die Dynamik dieses Paares ermöglicht es, die eigene Emotion als hart, affektiv, wie auch als weich, die eigenen Gefühle differenziert zu erleben. Eine entsprechende Dynamik findet sich in allen vier Wandlungsstufen: Das bewirkt Bewegung, Balance, Entwicklung – Dynamik, die vorantreibt – vorwärts in der Weiterentwicklung im Lebensrad.

» *Dynamik schafft Schwung, das Lebensrad dreht sich weiter, die Reifung geht voran. Im Rad des Lebens ist die eigene Entwicklung nicht abrupt beendet durch Erreichen eines Ziels - der Kreis lässt sich als Spirale gedanklich weiterführen und die Entwicklung hört nie auf. Die einzelnen Reife- bzw. Wandlungsstufen müssen im Laufe des Lebens immer wieder bewusst durchlebt werden. Dies geschieht jedoch jeweils auf einem neuen Level, dank eines erweiterten Bewusstseins. Ähnlich wie ein Refrain eines Liedes, der beim wiederholten Hören nicht mehr neu für unsere Ohren ist, doch nehmen wir stets etwas Neues in ihm wahr, Nuancen, wir erkennen bekannte Sequenzen, der Text wird wiedererkannt … und das Wiedererkennen aktiviert Synapsen in unserem Gehirn und stärkt diese. So dass ein Wiederholen auch stets von Entwicklung begleitet ist und nun über den alten Level hinaus Neues in dein Bewusstsein aufgenommen und verinnerlicht werden kann. Dieses lässt dich nachfolgend erneut neue Zusammenhänge erschließen. Das meint fortlaufende Reifung im Lebensrad.*

Nachfolgend stellen wir dir nun die Botschaften der vier Reifestufen im Einzelnen vor.

Exkurs

Das Besondere am I Ging ist, dass dieser Reifungsweg in nachvollziehbaren Stufen symbolisch dargestellt ist.

Die Reifestufe der Leibbeziehung

Die Symbole dieser Stufe sind Truhe und Rundbogen

Der Mensch ist zunächst als Embryo geborgen und geschützt. Mit all seinem Potenzial, seinen Anlagen reift er heran. Nähe und Geborgenheit, Schutzgefühl sind hier maßgeblich.

Nach und nach nimmt das kleine Wesen seinen Körper ein, integriert ihn, macht ihn zu seinem Leib, einer Einheit aus Körper und Seele. Es gilt, zum eigenen Leib, zur Leiblichkeit „Ja" zu sagen. In der gleichzeitigen Bewusstwerdung strebt er in die eigene Aufrichtung, dies üblicherweise im geschützten Umfeld seiner Familie, gestützt, wie von einem Schirm, dem Rundbogen umgeben. Das eigene Rückgrat ist seine Säule im aufrechten Stand. Die feste Bodenverankerung bildet die Basis. So wird der eigene Leib als Sicherheit erlebt, die Schutz bietet.

Dies ist die Botschaft der ersten Reifestufe.

Durch Wiederholung gilt es, diese immer wieder neu bewusst einzunehmen, den eigenen Leib in seiner Veränderung anzunehmen. „Sich in sich geborgen fühlen" bleibt eine lebensbegleitende Aufgabe, in Pubertät, Alter, Krankheit. Auch die eigene Säule, den (Erb-)Stamm, gebildet von den eigenen Ahnen, würdigend wahrzunehmen und zu bejahen, begünstigt die Eigen-Entwicklung. Die Aufgaben dieser Reifestufe zu erfüllen, ist für den eigenen Stand in der Welt und auch für die eigene Gesundheit und Entwicklung maßgeblich.

» *Wie du siehst, zeigt die erste Reifestufe bereits an, dass diese mehrfach im Leben durchlaufen werden muss. Sind hier zunächst der Embryo, der Säugling, das Kleinkind gemeint auf dem Weg zur Aufrichtung, geht es in einem späteren Zyklus wie zum Beispiel während der Pubertät, aber auch im eigenen Alterungsprozess oder nach eigener Krankheit darum, den Körper weiterhin anzunehmen und ihn nicht abzulehnen oder gar gegen ihn zu kämpfen. Auch das eigene Rückgrat anzunehmen, die eigenen Vorfahren, Eltern und Großeltern etc., ist im Laufe des Lebens zuweilen schwierig. Aus den Trigramm-Sym-*

bolen lässt sich schließen, wie wichtig der eigene Stamm für den eigenen Stand im Leben ist - für unser seelisches, aber auch körperliches Wohlbefinden.

Die Reifestufe der Ich-Beziehung

Die Symbole der zweiten Stufe sind Kreisel und Wippe

In dieser Reifestufe begegnet uns eine weitere Dimension: Der Ich-Mensch wird sich seiner emotionalen Power, als Subjekt, als Selbst, bewusst. Dies geschieht oft unkontrolliert, affektgeladen-emporwallend („Ja, ich! Meins!") – in Revierabgrenzung und Selbstbehauptung. Es gilt, mit den aufwallenden Emotionen angepasst umzugehen und dank der Durchsetzungskraft für sich selbst einzustehen. Verharrt der Mensch auf dieser Entwicklungsstufe, führt dies zu einem Tanz um sich selbst – das Symbol des auf der Spitze stehenden Dreiecks, des rotierenden Kreisels.

Geht der Mensch weiter in der Entwicklung, so entwickelt er ein gefestigtes Ich, welches er im eigenen, gesicherten Raum entfalten kann. Um beim Symbol des Kreises zu bleiben: Das eigene Revier ermöglicht es ihm, den Tanz um sich selbst zu weiten, „aus sich herauszugehen", sich „aus-zuspielen". Der eigene Frei-Raum wird zum Spielfeld, er wird zu frei fließender Energie, „Ja!" zur Lebensbühne. Ein eigenes Revier ermöglicht die Eigen-Entfaltung. Dies zeigt das Symbol der Wippe an: Bei gefestigtem Ich-Wert entstehen Feinfühligkeit, sanfte und geschmeidige Bewegungen. Auch die Emotionen können nun frei und ausgewogen fließen. So kann sich nun im eigenen Freiraum die eigene Originalität entfalten.

Lebenslange Aufgabe dieser Reifestufe ist es, spielend und situativ angepasst den Wechsel von der harten zur sanften Emotion zu üben: vom „Lebendig im Ich!" zum „Lebend-Ich"!

Die Mitte

Der Vollzug der zweiten Reifestufe bringt einen unmittelbar in die eigene Mitte: Voll in seiner Mitte sein heißt Lebensfreude empfinden!

Die Berührung der eigenen Wesensmitte ist ein besonderes Innen-Erlebnis. Die Kraft der eigenen Mitte wahrzunehmen und hierauf vertrauen zu können, ist Teil der Selbstwahrnehmung.

Ein Ankommen bei sich selbst lässt die Sinnfragen aufkommen. Eine Neu-Orientierung, eine Suche nach der Richtung für den weiteren Lebensweg ist nun angesagt.

Der Sinnfindungsprozess wird häufig krisenhaft erlebt. Die weitere Entwicklung birgt die Chance, diese Phase als eine notwendige und hilfreiche Reifephase anzunehmen. Wer reifen möchte, muss bereit sein, sich und seinen Weg immer wieder zu hinterfragen und neu zu zentrieren. So wird jede Krise zur Chance.

Die Reifestufe der Ich-Du-Beziehung

Die Symbole dieser Stufe sind Schale und Pyramide

Die Schale symbolisiert das Offen-Sein für das Andere, und dies im Miteinander. Der Mensch orientiert sich nun nach Außen – er weitet den Blick für das Andere, das Nicht-Ich, das Gegenüber. Umwelt und Mitwelt werden wahrgenommen, wissbegierig wird Kontakt aufgenommen. Neugier und Interesse führen zu Begegnung und Austausch. Genuss beim Essen, Freude über Wissenszugewinn, Neugier und Interesse am Anderen.

In dieser Reifestufe besteht die Gefahr der „Überfütterung" – durch Gier: Chaos durch ein zu viel an neuen Informationen. Es gilt, das Neu-Aufgenommene zunächst zu analysieren, zu selektieren, die Essenz zu verarbeiten und einzuordnen.

Die Pyramide steht für rational-mentale Verarbeitung, für Ordnung, Selektion und Analyse. Daher bildet sie den Gegenpol zur Schale in dieser Reifestufe.

Beides wird benötigt – die weite Offenheit wie auch die begrenzende Selektion, um die Essenz zu erkennen. Hierdurch können richtungsweisende Erkenntnisse gewonnen werden samt der Sinnfindung. Dies bewirkt Genugtuung; Zufriedenheit stellt sich ein. Im Vollzug dieser Reifestufe sollten Achtsamkeit und Maßhalten erwachsen, auch durch ein verantwortungsvolles Sozial-Eingebundensein.

Lebenslang gilt es, sich dieser Aufgabe zu stellen und einen Ausgleich zwischen dem eigenen Anspruch („immer mehr wollen") und dem Maßhalten zu finden. Gelingt dies, so wächst die eigene Zufriedenheit im Miteinander.

Die Reifestufe des Einsseins im Wir

Die Symbole dieser Stufe sind Flügel und Kugel

Die Aussage der vierten Reifestufe ist wohl am schwierigsten in Worte zu fassen, geht es hier doch um eine Bewusstseinsdimension, die über das Rational-Mentale hinausgeht und von jedem individuell erfahren wird: der Weg zum Selbst. Wir möchten nachfolgend daher eine Anregung anbieten, um dieser Entwicklungsstufe nahe zu kommen (Näheres in Teil 3). Es geht hier um Innen-Erfahrung.

Individuell werden in der vierten Reifestufe sehr unterschiedliche Beschreibungen und Empfindungen auftreten: Es geht um das Loslassen des Ich, um Hingabe, um Einswerden mit dem größeren Ganzen, um Sehnsucht nach Heil, nach Liebe. Manch einer erlebt dies aus einem religiösen Bezug, ein anderer in Naturverbundenheit.

Die vierte Reifestufe weist einige Besonderheiten auf, die ab S. 97 näher erläutert werden.

Im Lebensrad sich selbst erleben mit Leib und Seele

Diese das Leben begleitenden Reifungsprozesse sind im Trigramm-Lebensrad veranschaulicht. Die Prozesse führen den Menschen voran zur Erfüllung – eines zufrieden-glücklichen Selbst, eingebunden in Gemeinschaft.

Hilfreich ist es, diese Essenz aus dem I Ging nicht nur geistig zu erfassen, sondern auch körperlich zu erleben. Durch Übungen lässt sich erspüren, was gemeint ist. In der Körpersprache können die Begriffe und Symbole auf einer inneren Ebene erlebt werden.

» *Wir laden dich ein, im nachfolgenden Teil die dargestellten Bilder auf dich wirken zu lassen - und dies mit Hilfe der Textpassagen. Die Körperübungen dürfen durchaus individuell variiert und die aufkommenden Assoziationen ausgesprochen werden oder im Inneren still erklingen.*

Wie fühlen sich die einzelnen Reifestufen an? Was machen sie mit dir?

Lass dich mitnehmen auf die Reise zu deinem Selbst und höre dir zu! Höre genau hin, was dir dein Leib zu erzählen hat!

Teil 2
Das I Ging als Lebensrad be-greifen

Abb. 17: Das Lebensrad mit dem Reifeweg des Menschen in den acht I-Ging-Symbolen.

Die Bilder in diesem Teil zeigen den Lebensweg des Menschen im I Ging in Form von Körperübungen. Die begleitenden Textpassagen enthalten jeweils vier Elemente:

- Anleitung zur Körperübung
- das Trigramm-Symbol mit einer Erläuterung von dessen bildhafter Erscheinung
- den chinesischen Kenn-Namen mit seiner Übersetzung und weiteren Bedeutung
- Assoziationen zu der abgeleiteten Botschaft

» *Nun bist du gefordert – lass dich ein auf die Körperübungen und fülle sie aus: mit den Inhalten, die wir dir bereits vermittelt haben und die – aufs Wesentliche reduziert – begleitend aufgezeigt werden.*

Be-Greifen/Ver-inner-lichen/Erspüren der Botschaft im I Ging mit Hilfe deiner dir eigenen Körpersprache. Hierzu laden wir dich auf den kommenden Seiten ein!

Birgt das Lebensrad doch so vieles:

- *Es nährt ein besseres Verständnis für dich und deine Mitmenschen.*
- *Du gewinnst einen harmonischen und wohlwollenderen Umgang mit dir selbst und deinen Nächsten.*
- *Du erkennst den Menschen in seiner Ganzheit von Körper, Geist und Seele.*
- *Versöhnung und Vergebung können geebnet werden.*
- *Du begreifst den tieferen Sinn deiner Lebenskrisen.*

Die Reifestufe der Leibbeziehung

Die Truhe

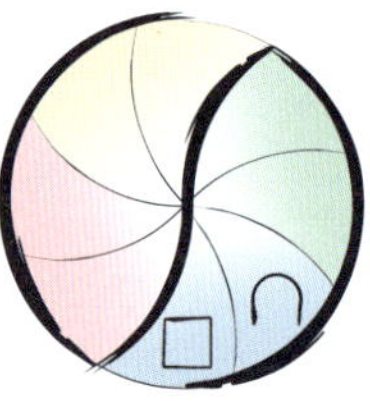

Abb. 18: Körperübung Truhe.

» *Nimm eine Körperhaltung ein, die dich fühlen lässt: „Ich bin umschlossen und geborgen."*
Begib dich hierfür auf den Boden, sitzend oder liegend. Schließe die Augen und spüre hinein in diese gehaltene Geborgenheit.

Das Trigramm und seine Bedeutung 

Alle drei Trigramm-Linien sind offen – für das, was sich verwirklichen will.

Der Kenn-Name

Im I Ging heißt es Kun: das Empfangende, Bergende und Irdische.
In weiterer Bedeutung: das Stofflich-Irdische, Manifestation, die Erde.

Die Kenn-Figur

Das Symbol „Truhe" lässt sich deuten als:

- Lebensbatterie
- Anlage – „das schon im Kern Angelegte"
- Reserven
- Ur-Energie
- Potenzial
- Geborgenheit

Assoziationen zur Botschaft

„Kiste, Blackbox, Batterie ..." sind Begriffe, die von Seminarteilnehmern ganz spontan kommen, wenn sie nach ihren Assoziationen zu dieser Figur gefragt werden. Während eine Batterie voller Energie ist, ist die Kiste umschließend, etwas Wertvolles wird in ihr geschützt, und eine Blackbox enthält Überraschungen.

Angewandt auf den Ursprung, den Anfang eines Lebens, zeigt der Würfel das bereits Angelegte, noch Verborgene an – wie ein im Mutterleib geborgener Embryo, in dem alle Anlagen schon programmiert sind, die ihre Manifestation erwarten. Gut geschützt, geborgen. Aus dieser Umschlossenheit tritt der Mensch mit seiner Geburt hinaus, nach und nach nimmt er seinen Körper ein und wahr. Schließlich findet er in ihm Halt und Sicherheit.

Weitere Assoziationen sind:

- das eigene Entfaltungspotenzial nutzen
- sich auf die Eigenkräfte verlassen können, aber auch sparsam und bewusst damit umgehen
- alles ist noch nach innen gerichtet – noch unbewusst In-sich-Eins-Sein
- die angelegte Kraft fühlen

Der Rundbogen

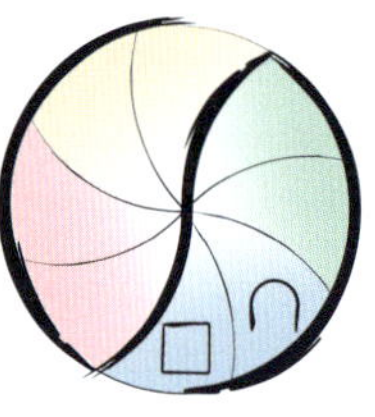

Abb. 19: Körperübung Rundbogen.

» *Fest verankert im Boden, beginne nun langsam deine Aufrichtung, fühle hierbei ganz bewusst, wie dein Stamm dich hält. Der Blick ist noch nach innen gerichtet.*

Das Trigramm und seine Bedeutung 

Die durchgezogene Linie oben weist auf die voll ausgestattete Leiblichkeit hin.

Der Kenn-Name

Im I Ging heißt es Gen: der Berg, stillehaltend, fest
Im weiteren Sinne: Wurzelkraft, Baum, Stamm, Rückhalt und Sicherheit.

Die Kenn-Figur

Das Symbol „Rundbogen" lässt sich deuten als:

- Aufrichtung
- zwischen Himmel und Erde gestellt
- manifestierte Gestalt
- „mich hält mein Stamm: mein Rückhalt"
- „tief verwurzelt sein wie ein Baum"
- „mein Körper bietet mir Sicherheit, ich bin in ihm geborgen"

Assoziationen zur Botschaft

Aufrichtung ist das erste, wonach der Mensch strebt. Es bedarf der Übung und Kraft, vor allem einer guten Verankerung im Boden: tief mit ihm verwurzelt, aufgespannt zwischen Himmel und Erde – so kann sich in Balance die Wirbelsäule erheben. Eine balancierte, stabile Wirbelsäule, aufgerichtet und doch flexibel.

Die Kraft des Rückgrats wird entscheidend beeinflusst durch eine gute Beziehung zu den Vorfahren, die Rückhalt gewährt. Ein fest (boden-)verankerter Mensch erweist sich als stabil in sich und zu sich stehend. Seine Säule, sein Rückgrat, stärkt und trägt ihn. Ist der Stand einmal gut gesichert, strebt der Mensch nach vorne, der Blick weitet sich und er bewegt sich voran, nimmt sich im Umfeld wahr.

Weitere Assoziationen sind:

- „bei sich (im Leib) daheim sein"
- instinkthaft – Wahrnehmen und Erfüllen der Grundbedürfnisse sowie der naturgegebenen Lebensrhythmen aus Aufbruch und Regeneration
- bewusste Leibwahrnehmung und Zusage zum eigenen Leib
- Rückgrat haben, fest im Leben stehen
- Halt haben und Gehalten-sein

Die Botschaft der ersten Reifestufe

Abb. 20: Das Lebensrad mit der ersten Reifestufe.

Die beiden Trigramme „Truhe" und „Rundbogen" umrahmen wie zwei Pole das Spektrum der ersten Stufe. Trotz ihrer unterschiedlichen Inhalte ergänzen sie sich in der gemeinsamen Thematik. Es geht um die Gestaltbildung, um das Wahrnehmen und Erfüllen der Grundbedürfnisse und Triebe.

Hier bietet sich das Bild des Säuglings an, der über seine Sinnesfunktionen die Umgebung erfährt und staunend den Blick der ihn anlachenden Augen auffängt. Er beginnt zu krabbeln, und dies – anders als das Tier – mit dem Streben nach Aufrichtung mit erhobenem Haupt.

In diesem frühen Stadium erlebt das kleine Wesen seine Umgebung wie eine „Umhüllung", es lebt geborgen und – wenngleich noch weitgehend unbewusst – als sinnlich-empfindender Körper. Auch noch im Erwachsenenalter vermag die Leibeshülle Geborgenheit zu vermitteln. Der Mensch soll wie ein Berg fest geerdet in der Welt stehen, was ihm auch seelischen Halt einbringt.

Zusammenfassend lässt sich sagen:

- Der Weg zum erfüllten Selbst startet in der Leiblichkeit.
- Das Durchleben und Erfüllen, ja das bewusste Verwirklichen der einzelnen Lebensstufen führt den Menschen weiter auf dem Weg zum „Ganz-Werden", zur harmonischen Persönlichkeit, in der jeder sein Potenzial im Einklang mit Körper, Geist und Seele und dem großen Wir erfüllen kann.
- In der ersten Lebensstufe gilt es, die Geborgenheit im eigenen Leib zu erspüren sowie in positiver Leibzusage zu erleben und anzunehmen. Die Energie-Ressource im Rückzug zu sich/in sich zu erkennen im Einklang mit der Natur und ihren Zyklen. Aktivität und Ruhe im Wechsel, Generation und Regeneration in der Ruhe je nach Bedarf wahrzunehmen.
- Im Aufrichten bodenverwurzelt bleiben zwischen Himmel und Erde. Rückendeckung aus dem Stamm, mit den Ahnen versöhnt leben. Eine vom Herzen kommende Aussöhnung mit den Vorfahren stärkt das Kreuz und damit einen selbst.
- Ein starker Rückhalt öffnet den Blick nach vorn – gibt Kraft für Neues.
- Die bewusste Leib-Zusage bleibt eine lebenslange Aufgabe und ermöglicht das Durchstehen von Krankheiten und Alter.

Die Reifestufe der Ich-Beziehung

Der Kreisel

Abb. 21: Körperübung Kreisel.

» *Mach deine Schultern breit, spüre dein Ich, welches sich Raum nehmen möchte und im Affekt aus der unteren Leibesmitte aufsteigt (wie zum Beispiel im Trotz „Nein! Meins!"). Deiner Selbst-Behauptung und Verteidigung des eigenen Raumes gilt es hier nachzuspüren und sie durchzusetzen.*

Das Trigramm und seine Bedeutung 

Die durchgehende Linie wird zur zentralen Mitte.

Der Kenn-Name

Im I Ging heißt es Kan: Wasser, dunkel, abgründig

Die Kenn-Figur

Der „Kreisel" kann gedeutet werden als:

- Eigen-Welt/Ego
- Ich-Erleben
- Ich-Darstellung
- Selbstbehauptung
- Affekt
- Kraft zur Eigenverwirklichung
- Fühlen: „Ich bin!"

Assoziationen zur Botschaft

Ein Kreisel dreht sich. Alles ringsherum wird erfasst und von ihm wahrgenommen, mit all seinen Reizen entdeckt und im Kontakt mit sich erlebt.

Im Gewahrwerden des Außen erlebt der Mensch sich als ein Ich. Der auf der Spitze rotierende Kreisel dreht sich „um sich selbst", um die eigene Person. Schwungmoment ist das Ego, das sich selbst entdeckt und verwirklicht. Affekte wallen eruptiv aus der eigenen Tiefe empor: Ich-Behauptung („Nein! Meins!"), Ich-Erleben in breiter Gefühlsvielfalt.

Die Wippe

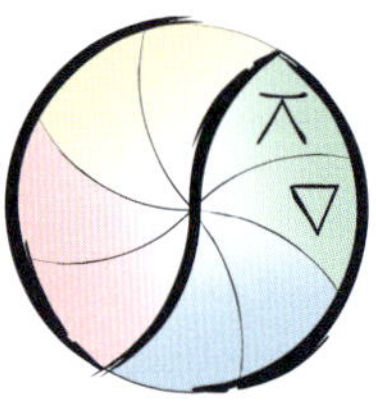

Abb. 22: Körperübung Wippe.

» *Werde nun weit in den Armen, spüre deinen sicheren Raum um dich herum … sobald du diesen wahrnimmst, fühlst du, wie der harte Affekt abflauen kann und du den Raum nun mit sanften, weichen, fließenden Bewegungen ganz spielerisch einnehmen und dich hierin erkunden kannst. Nimm ihn als deinen Spielraum frohgemut ein!*

Das Trigramm und seine Bedeutung 

Zwei durchgezogene Linien markieren die Eigen-Stabilität.

Der Kenn-Name

Im I Ging heißt es Sun: Wind, sanft nachgiebig
Im weiteren Sinne: Ausdruck von Wendigkeit und situativer Reaktionsbereitschaft

Die Kenn-Figur

Die „Wippe" kann gedeutet werden als:

- Ich-Balance
- Ich-Vitalität
- Ich-Schwung
- Eigen-Wert
- emotionale Ausgleichsfähigkeit

Assoziationen zur Botschaft

Die Wippe veranschaulicht die lockere, situationstreffende Bewegtheit der Emotionen. Gut verankert mit breitem Stand kann eine lockere Bewegtheit ausgeübt werden, ohne ins Stolpern zu kommen.

Im gesicherten eigenen Revier können die Emotionen gezügelt und flexibel angepasst werden: Ich-Verwirklichung im weit ausladenden Eigen-Spielraum, im Eigenwert. Dies bereitet Lust, freudiges Wohlgefühl aus dem Innersten, frei und unbeschwert.

Weitere Assoziationen sind:

- Gefühle zulassen und angemessen ausleben
- ureigene Originalität und Selbstwert auskosten
- leicht-lockere Bewegungen
- im individuellen Tanz den Eigenraum ausfüllen
- unbekümmert – mutig, „happy"

Die Botschaft der zweiten Reifestufe

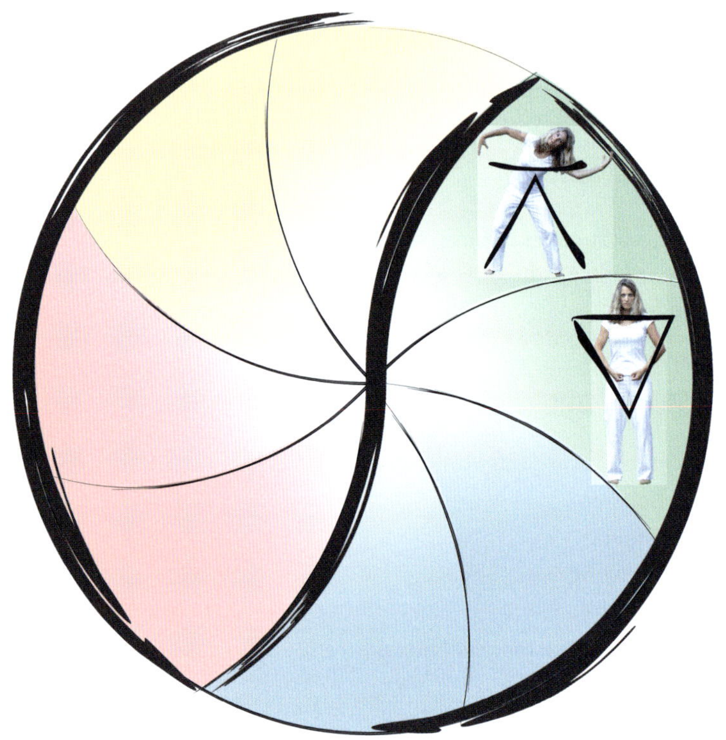

Abb. 23: Das Lebensrad mit der zweiten Reifestufe.

Die zweite Reifestufe repräsentiert die Ebene der Bewegung und der Bewegtheit – somatisch wie psychisch. Dank seiner Emotionen vermag der Mensch seine individuelle Rolle auf der Lebensbühne zu spielen: Lebendigkeit und Lebenslust wollen erfüllt sein und zum Ausdruck gebracht werden. So besagt die tanzende Kreiselfigur, dass man seinen eigenen Platz erobern und behaupten darf. Das rotierende „Ich" nimmt allerdings mehr sich selbst wahr als die vorbeihuschende Kulisse.

Die Kenn-Eigenschaft „dunkel“ weist auf das Unbewusste als den Reichtum des eigenen Wesens hin. Aber auch die „Power“, die aus den Tiefen des eigenen Wesens aufsteigt, ist gemeint: eine zur Selbstbehauptung nötige Kraft, die gleichzeitig nicht leicht zu kontrollieren und zu beherrschen ist.

Dagegen symbolisiert die Figur der Wippe die Weite des eigenen Spiel- und Gestaltungsraumes bei einfühlsamer Lockerheit und ungezwungener Leichtigkeit der Gefühle. Es ist diese Balancefähigkeit, welche der jeweiligen Situation angepasste und auch angemessene Reaktionen ermöglicht. Sie setzt der gewaltsamen Ich-Durchsetzung das Vermögen entgegen, Ziele auf dem Weg des geringsten Widerstandes zu gewinnen, das heißt, sich flexibel einzufügen statt „aus den Fugen zu geraten“.

Die Fülle der Gefühle will zugelassen und ungezwungen zum Ausdruck gebracht werden: den eigenen Freiraum auskosten, ohne die Freiheit der anderen zu verletzen.

Zusammenfassend lässt sich sagen:

- Dieser affektbetonte Ausruf „Ich bin da – das ist mein Raum! – Meins!“ kennzeichnet die zweite Reifestufe.
- Das Ausleben von Emotionen und Vitalität dreht sich um die Subjekt-Mitte.
- Anpassungsfähigkeit ohne Ich-Minderung, locker-spielerische Eigenverwirklichung.
- Ein sanfter Fluss der Emotionen, einem Tanz gleich, ist das, was als Erfüllung dieser Stufe anvisiert wird.
- Ureigene Originalität erkennen und in Selbstschätzung einbringen.
- „Ich bin besonders und gebe mir dafür Entfaltungsraum!“

Die Mitte durchkreuzen

Abb. 24: Körperübung Mitte durchkreuzen.

» *Aus der freien, losgelösten Bewegung im eigenen Raum entsteht im Inneren eine tiefe Freude, ein Lächeln, ein Lachen – vielleicht sogar ein losgelöster Tanz. Lege deine Hände auf dein Herz und spüre dieser tiefen Freude nach, die von innen aufkeimt in Erlebnis und Wahrnehmung des Ichs in seiner positiven Dynamik. Erspüre deine Mitte. Manchmal erkennst du im Hineinspüren nun, dass du aus deiner Mitte gefallen bist und es einer Wandlung/Krise bedarf.*

Assoziationen zur Botschaft

In der Mitte angekommen zu sein, ist ein durchweg positives Erlebnis, erfüllt von tiefer Freude und Zufriedenheit. Häufig wird man jedoch auf dem Lebensweg auch in die Mitte geschleudert, wenn man sie durchkreuzen will, um auf die gegenüberliegende Seite zu gelangen. Dann stellen sich Fragen wie: Wohin strebe ich? Woher komme ich? Wer bin ich und wer will ich sein?

Das Bewusstwerden des Unterwegs-Seins im Leben ist ein innerer Aufruf. Denn dieses Durch-die-Mitte-Gehen bedeutet, sich selbst im Innersten zu begegnen mit den eigenen Wünschen, Erwartungen und Enttäuschungen. Und es bedeutet, Mut zu sammeln für ein „Voran" im Leben und die Festlegung der Richtung.

Veränderungen, Wandlungen bringen Krisen mit sich – allein aufgrund der Tatsache, dass man „unterwegs" ist. Nur durch Annahme dieser Phasen kommt man jedoch „durch die Mitte", und weitere eigene Entwicklung wird möglich. Nur mit immer neuem (An)Schwung kommt das Individuum voran auf seinem Weg.

Weitere Assoziationen sind:

- mittig – das Herz
- Herzfreude
- in seiner Mitte sein
- Neubesinnung
- Wandlung
- Krise und Chance
- der gewundene Lebensweg beinhaltet die Durchkreuzung der Mitte
- Wandlung – Zeiten der Prüfung und Neuausrichtung

Die Reifestufe der Ich-Du-Beziehung

Die Schale

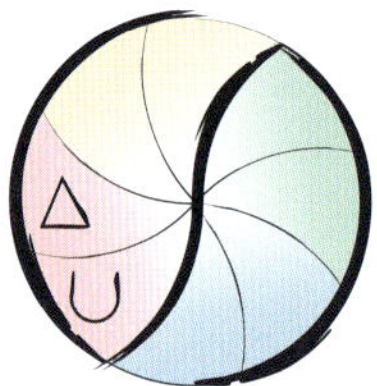

Abb. 25: Körperübung Schale.

» *Bilde einen breiten Stand und spüre noch einmal nach, wie du nun stehst: fest im Boden verankert, dein eigener Raum umgibt dich und gibt dir Sicherheit. So kann sich nun dein Blick weiten für das Neue, das Andere um dich herum. Entdecke deine Umgebung, stelle dir bildlich vor wie du - wie im Paradies - die reif-hängenden lockenden Früchte pflückst und dich davon nährst: Spüre den Genuss auf den Lippen und der Zunge und das wohlige Gefühl im Magen. „Ich will mehr!" ruft es in dir voller Neugier auf Weiteres, das es zu erkunden gilt.*

Das Trigramm und seine Bedeutung 

Die unterbrochenen Linien sind nach oben geöffnet, „offen für Neues", während die durchgezogene Linie die gefestigte (Eigen-)Basis anzeigt.

Der Kenn-Name

Im I Ging heißt es Dzhen: Donner, regsam, geschäftig, „busy"
Im weiteren Sinn: inter-aktiv, wechselwirksam, kooperativ

Die Kenn-Figur

Die Schale steht für:

- Hunger nach mehr
- Wissensdurst
- Neu-Gier
- Offenheit
- Inter-Aktion
- (Ein-)Bindung
- „busy"

Assoziationen zur Botschaft

Der Mensch entdeckt das Andere, er wird offen für Umwelt und Mitwelt. Neugier wird zum Impuls für vielfache Begegnungen und Kontakte, das Eingehen von Beziehungen. Die Schale steht auch für den Bedarf nach Nahrung, Begehr nach Information und sozialer Integration. Der Mensch möchte immer noch „mehr!"; das „Mehr-haben-wollen" und „viel machen wollen" ist die Triebfeder.

Der begehrende Mensch auf der Suche („Sucht") wird unzufrieden, sucht immer weiter – es bedarf einer weiteren Entwicklung. Hilfe kommt ihm entgegen aus den Ordnungskräften der Pyramide.

Weitere Assoziationen sind:

- Freude am Entdecken/Erkunden
- Neues in sich aufnehmen

Die Pyramide

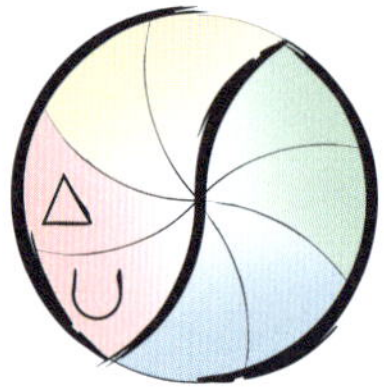

Abb. 26: Körperübung Pyramide.

» *Im breiten Stand, weiterhin fest verankert, verarbeitest du alles, was du dir einverleibt hast, deine Arme und dein Blick streben nach oben in die Mitte, du strebst nach Erkenntnis durch Selektion und Ordnung des Aufgenommenen - alles wird klar! Die Erleuchtung bringt Zufriedenheit und innere Genugtuung. Spüre diesem nach. Spüre „es ist genug".*

Das Trigramm und seine Bedeutung 

Die unterbrochene Linie in der Mitte zeigt die Durchlässigkeit von unten nach oben an.

Der Kenn-Name

Im I Ging heißt es Li: Feuer, Klarheit, Erkenntnis
Im weiteren Sinne: Ordnung, Verantwortungsübernahme, Genüge haben, Maßhalten, Maßstäbe setzen, Werte schaffen, Sinnsuche und Sinnfindung

Die Kenn-Figur

Die Pyramide steht für:

- Mit-Welt
- Toleranz
- Integrationskraft
- Mitmenschlichkeit
- „Klar!"
- „Es ist genug für alle da!"
- Erkenntnis/Einsicht
- Ästhetik/Ordnung
- Zufriedenheit
- Gönnen-Können
- Achtsamkeit
- Nachhaltigkeit

Assoziationen zur Botschaft

Sie symbolisiert Ordnung, Regelung und Ermessen-Können. Der Mensch erlangt die Fähigkeit zur Klarheit, Erkenntnis, Disziplin und Verantwortung. Er nimmt sein Gegenüber wahr, und aus dem „Ich-Du" kann in Übereinkunft ein höherer Sinn entstehen. Aus der aufgenommenen und nun verarbeiteten Information kann durch Ordnung und Analyse ein höherer Erkenntnisgewinn erlangt werden.

Hierdurch erwächst auch die Fähigkeit, sich zufriedenzugeben, zufrieden zu sein, Maß zu halten. Zu erkennen: „Es ist genug für alle da!" oder es entsprechend für alle so aufzuteilen, dass es für jeden reicht. Im Miteinander den Zugewinn („win-win") entdecken und die zunehmende Zufriedenheit hierüber bei sich selbst festzustellen.

Erst wenn dies erkannt wurde und verinnerlicht ist, öffnet sich der Mensch. Er wird aus diesem Bewusstsein heraus offen für eine weitere Dimension.

Weitere Assoziationen sind:

- das Aufgenommene ordnen, zu einer höheren Einsicht kommen
- selbst zur Genugtuung finden, dem anderen etwas gönnen können
- achtsam werden im Umgang mit den eigenen Ressourcen und denen von anderen

Die Botschaft der dritten Reifestufe

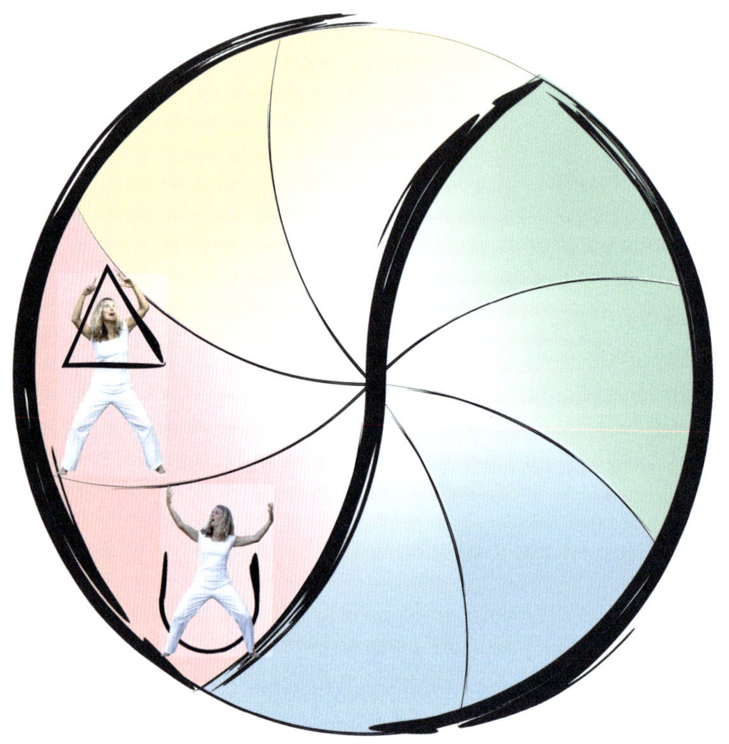

Abb. 27: Das Lebensrad mit der dritten Reifestufe.

Während die Schale auf das den Menschen vorantreibende Begehren hinweist, ruft die Pyramide den Menschen zu Vernunft, Disziplin und Verantwortung auf. Zwar basiert aller Fortschritt letztlich auf dem „Hunger nach Mehr", der darf jedoch nicht auf Kosten anderer gehen. Vielmehr stillt sich der Hunger im gegenseitigen Aufnehmen (Einbinden) und Aufgenommen-Werden (Eingebunden-Werden). Es gilt, aus der Widersprüchlichkeit der Welt und der sozialen Vielschichtigkeit zu Synthese und Sinn zu finden. Durch die Einbindung in das soziale Netz ist der Mensch sowohl aufgehoben und getragen als auch mitgestaltend durch das, was er einbringt.

All dies basiert auf dem Ineinandergreifen vielfältiger Funktionen. Zu ihrer Erfüllung bedarf es der Geduld, der Konsequenz und der Sorgfalt, der Verhältnismäßigkeit und des Maßhaltens. Es geht um Sinn bringenden Inhalt, um das Schaffen von Werten. Nicht alle Vorhaben und Ideen sind realisierbar bzw. kommen zu einem guten Ende; nicht jede Beziehung kann gelingen. Der Mensch muss Kompromisse aushalten und auch mit Nicht-Perfektem zurechtkommen.

Das gilt insbesondere im Sozialen: Konfrontation mit Anderen erfordert Respekt und Toleranz – akzeptieren, dass der Nächste anders ist und anders sein darf.

Zusammenfassend lässt sich sagen:

- Nach dem Erkennen des Ichs folgt nun das Wahrnehmen des Anderen, der Mitmenschen, der Umwelt, der Wunder um einen herum.
- Voller Eifer, weltoffen tritt der Mensch in diese Reifephase ein.
- Begeistert weitet sich sein Blick – und er möchte alles kennenlernen, alles in sich aufnehmen … wo es dann zu sortieren gilt und die Essenz zu einer neuen Erkenntnis/Klarheit führt.
- Die Ausreifung der Ratio – von der Neu-Gier „ich will mehr!" hin zur Ordnung und Genüge-Haben („Es ist genug für alle da!" „Klar!", Sinnfindung, Zufriedenheit).
- In Klarsicht weitet sich der Blick: für die soziale Mitwelt/das Wohl der anderen, in Verantwortung und Toleranz.
- Achtsamkeit wird spürbar und wächst in einem achtsamen Umgang mit dem Körper, diesen bewusst nährend (schmausend) und pflegend (z.B. Ruhezeiten zugestehend), achtsam im Umgang mit dem Geist (bewusster Wissenserwerb) und achtsam mit der Seele (soziales Miteinander – sich einbringen).

Die Reifestufe des Wir/des Selbst

Die Flügel

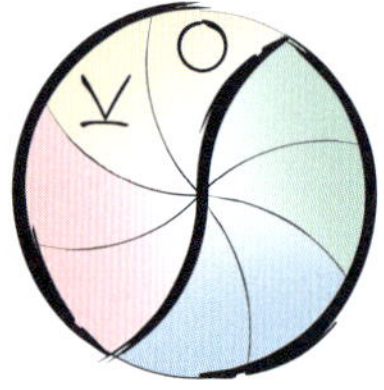

Abb. 28: Körperübung Flügel.

» *In zunehmender Zufriedenheit sinke auf deine Knie. Dein Blick strebt nach oben, die Arme hinterher. In der Suche und im Sehnen nach dem tieferen Sinn und der Verbundenheit mit etwas Höherem gibst du freiwillig die eigene Bastion, deinen festen Stand auf und nimmst dich zurück in Demut und Hingabe. Ich-Zurücknahme zugunsten von etwas Größerem, Strahlenderem, einem WIR.*

Das Trigramm und seine Bedeutung 

Die Basislinie (Eigen-Welt) ist durchgezogen, gefestigt. Auch die Mittellinie ist eine durchgezogene Linie und zeigt die nun starke Wesensmitte an. Die obere Linie ist unterbrochen – sie ist offen nach oben.

Der Kenn-Name

Im I Ging heißt es Dui: See
Im weiteren Sinne: heiter, glitzernd

Die Kenn-Figur

Die Flügel stehen für:

- Sehnsucht
- Hingabe
- Vergebung
- Wir im Ganzen
- Sich einstimmen

Assoziationen zur Botschaft

Diese Figur steht für Loslassen, aber auch für Hingabe und Demut. Sobald der Mensch durch Ordnung seiner Erfahrungen zu der Erkenntnis gelangt, dass hinter allem etwas Größeres steckt – etwas, das über ihn selbst hinaus geht –, ist er bereit, in die nächste Entwicklung einzutreten.

Es geht um das Hinter-Sich-Lassen der Egowünsche im Blick auf das größere Ganze, dem es zu dienen gilt. Nur im Miteinander kann Größeres erreicht werden.

Es entsteht Sehnsucht nach Liebe, nach Heil, nach innerem Frieden. Dies verlangt nach Vergebung und Versöhnung mit allem und jedem. Hier erfolgt das Anerkennen der eigenen Ohnmacht und des Angewiesenseins auf das Höhere über uns.

Weitere Assoziationen sind:

- wesentlich leben im Hier und Jetzt
- der eigenen Lebensvision folgen
- Loslassen des Ich-Anspruchs (Ego)
- Innenerfahrungen werden zur Wirklichkeit
- Intuition und Kreativität wahrhaftig erleben

Die Kugel

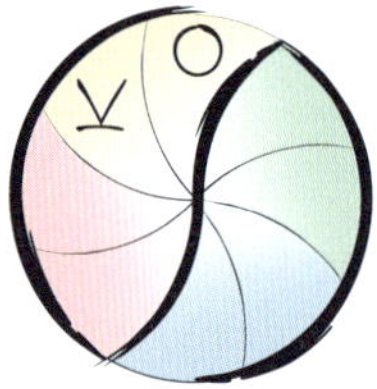

Abb. 29: Körperübung Kugel.

» *Springe und sei frei in freudiger Erfüllung und dem Empfinden von Geliebtsein. Die Arme und Beine weit ausgebreitet, losgelöst von der Welt, im Vollbesitz von Zufriedenheit, Glück, Freiheit in eigener Authentizität, die wahrhaftig gelebt werden kann und in positiver Wir-Eingebundenheit erlebt wird.*

Das Trigramm und seine Bedeutung 

Alle drei Linien sind gefestigt, als durchgezogene Linien dargestellt.

Der Kenn-Name

Im I Ging heißt es Kien: Himmel
Im weiteren Sinne: das Schöpferische, Impuls gebend

Die Kenn-Figur

Die Kugel steht für:

- Voll-Stimmigkeit
- Selig-Sein
- Erfüllung
- Übereinstimmung
- Harmonie

Assoziationen zur Botschaft

Die Figur der Sonne spricht für sich: rund sein, strahlend und klar. Erfüllt-Sein von innen her – authentisch in Harmonie und Würde. Sie meint den Menschen im Gewahrwerden der Fülle des Seins, die zugleich eine unbeschreibbare „Leere" bedeutet.

Weitere Assoziationen sind:

- Selbstfindung in Authentizität und Würde
- Einssein und Versöhnt-Sein mit allen und allem
- innerste Freude

Die Botschaft der vierten Reifestufe

Abb. 30: Das Lebensrad mit der vierten Reifestufe.

Diese Reifestufe bringt die Fähigkeit zum ganzheitlichen Wahrnehmen und Erfassen mit sich: Analogie, Phänomenologie und Symbole werden augenfällig und deutbar, Innenerfahrungen werden zur Wirklichkeit, Intuition und Kreativität entfalten sich.

Die in der vierten Stufe auftretende sensible Wahrnehmung für das Eingebundensein aller in die vielfältigen ökologischen Lebensformen mit ihrem symbiontischen Austausch lässt ein neues Zusammen- und Zugehörigkeitsbewusstsein entstehen. Das meint auch Verantwortlichkeit eines Jeden gegenüber der global vernetzten Welt als einem Organismus. Die Integration in das Ganze verlangt ein Zurücknehmen des Egos mit seiner Selbstherrlichkeit, das Loslassen des Ich-Anspruchs.

Zusammenfassend lässt sich sagen:

- Die Tür öffnet sich zu einer neuen Bewusstseinsebene: dem Wir – als Ganzes.
- „Wir" zu leben, bedeutet: zu vergeben, zu versöhnen, sich selbst aus sich selbst heraus zurückzunehmen. Hierfür wird man im Wir reich beschenkt: „Geteilte Freude ist doppelte Freude" … „wenn man Liebe verschenkt …"
- Den Wert des Nicht-Materiellen klarer zu erkennen und zu hüten schenkt Glück-Seligkeit: „Am Kleinen sich freuen können macht reich!"
- Materielle Grenzen auflösen, der eigenen Intuition vertrauen, geistiges Potenzial erkennen und innere, transzendente Erfahrungen annehmen.
- Sich selbst Flügel verleihen durch eigene Hingabe.
- „Über den eigenen Schatten springen" und mit offenem Herzen vergeben können.
- Dem Nächsten voll Wärme und Offenheit begegnen können.
- Ganz im Hier und Jetzt sein, genießen können.
- Hierdurch Raum und Zeit auflösen.
- Harmonie und Stimmigkeit – in sich, mit sich, im Wir.

Die Botschaft des Lebensrades

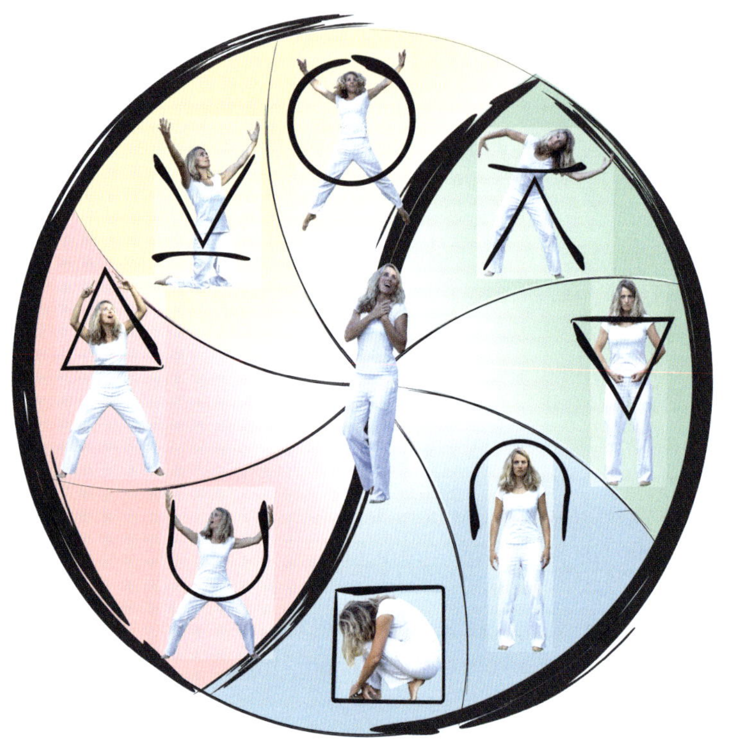

Abb. 31: Das Lebensrad mit den vier Reifestufen des Menschen.

Die Weisheit im I Ging über das Wesen und Werden des Menschen zeigt einen dynamischen, gewundenen Lebensweg an, der von fortdauernder Wandlung/Formung geprägt ist.

In ihm gibt es Reifestufen, die teils in Entwicklungssprüngen erreicht werden. Die wesentlichen Reifestufen und ihre Reifeinhalte sind definiert. Ihre Bedeutung verändert sich mit zunehmender Entwicklung, und in erweitertem Bewusstsein werden die Reifestufen immer wieder neu vollzogen.

Wandlungen auf diesem Entwicklungsweg können Krisen mit sich bringen. Neugewonnene Reife bewirkt Neuausrichtung, und das Individuum ist in seinem Inneren bewegt, teils auch erschüttert.

Allein das Wissen und Bewusstwerden über dieses Lebensrad hilft, sich selbst besser zu verstehen, wie auch seine Nächsten besser auf ihren Wegen begleiten zu können. Es ermöglicht, Krisen als Chancen zu erkennen. Dies wird oft zu einer Vertrauensübung! Bestenfalls kann hieraus eine zunehmende Zuversicht erwachsen: Das Wissen, dass es durch die Krise auf dem Lebensweg vorangeht, kann Zutrauen in die eigene Kraft geben, Zutrauen zu sich selbst, diese Herausforderung meistern zu können und sie anzunehmen.

Das „Ur-Wissen" der Menschheit, das im I Ging steckt, zeigt, dass die Entwicklung des Menschen dynamisch, zielgerichtet und in laufender Wandlung begriffen ist. Immer neu geht der Weg durch die Mitte.

So birgt die Botschaft des Lebensrades so vieles, das …

- ein besseres Verständnis für sich selbst und seine Mitmenschen nährt.
- einen harmonischen und wohlwollenderen Umgang mit sich selbst und den Nächsten gewinnen lässt.
- den Menschen in seiner Ganzheit von Körper, Geist und Seele erkennen lässt.
- Versöhnung und Vergebung den Weg ebnet.
- den tieferen Sinn von Lebenskrisen begreifen lässt.

Teil 3
Vertiefende Wege zur Botschaft des I Ging

» *Nachdem wir im ersten Teil das I Ging eingeführt und im zweiten Teil auch leiblich erlebt haben, möchten wir im dritten Teil diese Erkenntnisse und den Weg dorthin aus mehreren Perspektiven beleuchten. Hierbei wird Manches bewusst wiederholt, damit es tiefer erfasst werden kann. Die Kernbotschaft des I Ging soll greifbar und für den Alltag umsetzbar werden, um praktische Lebenshilfe zu bieten.*

Die Acht der 64 – warum das I Ging mehr als ein Orakel ist

In den letzten Jahrzehnten ist das I Ging in seiner Orakelauslegung, also mit den 64 Hexagrammen, sowie durch die Aufdeckung einer Parallele zum Gencode des Menschen in den Mittelpunkt des Interesses gerückt. Der deutsche Arzt Martin Schönberger fand heraus, dass sich zwischen den 64 Hexagrammen und den 64 Triplets der Aminosäuren unserer DNA, unseres Gencodes, auffällige Parallelen finden lassen.

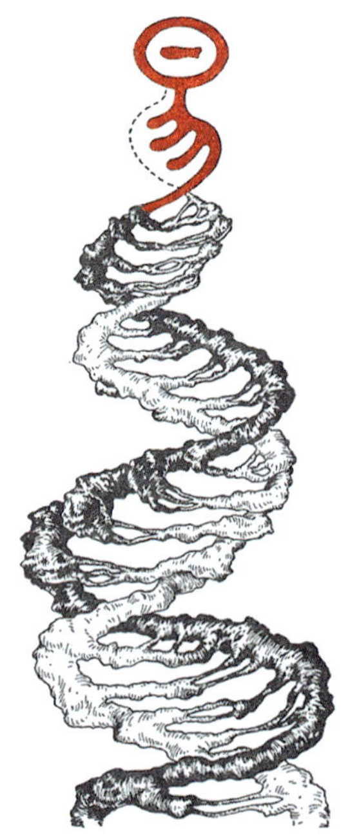

Abb. 32: Abbildung einer DNA-Schleife in Verbindung mit dem chinesischen Schriftzeichen für I Ging; diese Verbindung soll die Parallele des I Ging Piktogrammes mit der DNA-Schleife aufzeigen.

Im I Ging ist ein Urwissen um die Tiefenstruktur des Menschen verschlüsselt. Der Nobelpreisträger Werner Heisenberg drückte seine Bewunderung wie folgt aus: „Im I Ging und seinen von Fu Hsi durch eine unbegreifliche Schau der Natur 3000 v. Chr. gefundenen und durch König Wen geordneten Symbolen liegt eine solche naturphilosophische Weltformel vor, die geeignet sein könnte, das abendländische Denken zu befruchten. Das I Ging beruht auf Naturbeobachtungen über Jahrtausende, die zur Erkenntnis der Gesetzmäßigkeiten des Kosmos führten – dem laufenden Wandlungsgeschehen."

Auch C. G. Jung hat sich jahrelang mit dem Orakel auseinandergesetzt. Er war eng mit dem I-Ging-Übersetzer Richard Wilhelm befreundet, der lange als Pfarrer in der deutschen Kolonie Tsingtau gewirkt und sich mit der chinesischen Kultur vertraut gemacht hat. Jung und Wilhelm verfassten gemeinsam ein Buch über die chinesische Mystik „Die Weisheit der goldenen Blüte". Auch Hermann Hesse war ein großer Bewunderer des I Ging und schrieb: „In diesem Buch ist ein System von Gleichnissen für die ganze Welt aufgebaut."

Der Titel des I Ging „Buch der Wandlungen" findet seine Erklärung in der Deutung des Trigramm-Kreises als stufenweise Wandlung. Das bekannte Stufen-Gedicht von Hermann Hesse sagt „Der Weltgeist will [...] uns Stuf' um Stufe heben, weiten." Die Wandlung ist als Reifungsprozess, als Lebenserfüllung anzusehen. Doch was sieht man im überlieferten Trigramm-Achter-Kreis, was zur Deutung als Weg des Menschen führt? Es ist ein Kreis, bei dem sich drei offene Linien am Nadir und drei Voll-Linien am Zenit des Kreises polar gegenüberstehen. Ein Weg vom Ursprung zum Ziel über Zwischenstufen, die eine zunehmende Voll-Füllung in den möglichen Linien-Kombinationen anzeigen.

In der Umsetzung in die kybernetische Schrift ist es ein Weg von 000 (dreimal „offen") zum Ziel 111 (dreimal „voll"), über die Stufen 001-010-011-100-101-010. Diese Reihenfolge auf einem Kreisbild auszudrücken, verlangt ein Stopp kurz vor dem Zenit und eine Diagonal-Kreuzung von dort nach unten an die Kreis-Sohle. Diese Wegfolge haben die Väter des I Ging mittels der den Kreis durchziehenden Diagonale anschaulich gemacht. So birgt der Trigramm-Kreis einen Erst-Aufstieg auf der einen Seite und einen Zweit-Aufstieg auf der Gegenseite: Eine zunehmende Formung und Ausgestaltung, ein evolutiver Entfaltungsprozess in einem Kreis dargestellt.

Der kritische Leser mag hierzu anmerken, dass es sich nur um ein Modell handelt. Doch Modelle und Symbole vermögen etwas darzulegen, was für das Verständnis und die Weiterentwicklung hilfreich ist. Man denke an das Atom-Modell von Niels Bohr, das heute weit vielschichtiger ausgelegt wird und den Grundstock für eine Weiterentwicklung bildete. So ist die neue Deutung des Trigramm-Kreises als ein Bild für den Weg und das Leben des Menschen einem Puzzle, einer Synthese, gleichzusetzen.

Die Kenn-Namen und Kenn-Eigenschaften der Trigramme sind erst durch Hinzunehmen der Kenn-Figuren aus dem überlieferten Shuo-Gua-Kommentar anschaulich geworden. So sind die Erkenntnisse des deutsch-stämmigen tibetanischen Lama Anagarika Govinda wesentlich: Er hat erst vor wenigen Jahrzehnten die Kenn-Figuren im Shuo-Gua-Kommentar wiederentdeckt. Govinda hat diese den Trigrammen zugeordneten Strich-Figuren in seinem Buch „Die Kunststruktur des I Ging" einbezogen.

Im Trigramm-Kreis stehen sich jeweils zwei Kenn-Figuren als Umkehr-Bilder horizontal gegenüber: auf der einen Kreishälfte der Rundbogen, gegenüber die leere Schale. Hier ein Symbol für Halt, dort ein Symbol für In-halt. Ebenso stehen sich ein unten spitzes Dreieck und ein oben spitzes Dreieck horizontal in der Kreismitte gegenüber: Wasser, dunkel, abgründig gegenüber Feuer, hell, klar. Darüber die Kenn-Figuren ausladende Wippe, gegenüber flehend erhobene Arme, deutbar als Aus-faltung gegenüber Ein-faltung. Doch die beiden Kenn-Figuren am Nadir (000) sowie am Zenit (111) des Kreises haben eine extrem unterschiedliche Aussage: unten ein kantiges Quadrat, oben ein vollgerundeter Kreis – Ausdruck einer zielbezogenen evolutiven Entwicklung durch stufenweise Wandlung.

Das 8er-Trigramm-Modell ist als Grundlage des 6-stöckigen Hexagramm-Orakels anzusehen. Die Trigramm-Urstruktur erweist sich als verschlüsseltes Bild vom Wesen und Weg des Menschen. Die Potenzierung der 8 zur 64 birgt eine Vervielfachung: Jedes Trigramm wird mit jedem kombiniert. Das Grundwissen über den Menschen aus der 8er-Urstruktur wird so in 64 spezifische Botschaften aufgegliedert. Diese weisen Aussagen haben sich über Jahrhunderte als Botschaften für den suchenden Menschen bewährt.

Die wesentliche Basis für die Deutung des Weges und Wesens des Menschen findet sich in dieser Binär-Codierung: von Weich nach Fest.

Unser Lebensweg, unser Wirken strebt einem Ziel entgegen und damit einem Sinn. Wenn wir uns für eine Wandlung im Sinne des I Ging öffnen, kommen wir diesem Ziel näher.

Hierzu benötigen wir ein Vertraut-Sein mit unserem Wesen, unserer inneren Beschaffenheit.

Die Naturwissenschaft vermittelt ein Menschenbild, das sich ausschließlich auf den Körper bezieht. Die Ganzheit von Leib-Seele-Geist ist hierbei jedoch nicht im Blickfeld. Die Evolutionslehre spürt dem Ursprung der Menschheit nach. Für unser Selbstbild jedoch ist auch ein Wissen oder Ahnen um den Sinn des Lebens wichtig.

Die Wandlung als Botschaft

Die chinesische Kultur hat somit schon vor 3000 Jahren einen Binär-Code verwendet, was schon Gottfried Wilhelm Leibniz (1646–1714) in seiner Schrift „Novissima Sinica" aus dem Jahr 1697 bewunderte. Damit ist nicht nur Leibniz der Erfinder der Binär-Chiffrierung. Kybernetisch 1/0 steht für „on/off", „Ein/Aus" bzw. „Ja/Nein". Im I Ging steht für die 1 der Voll-Stab, für die 0 der gebrochene, geteilte Stab.

Jedoch sind die Begründer des I Ging nicht beim Ja/Nein stehen geblieben, sondern sie vervielfachten den Code. Die Verdopplung des Codes führt bereits aus dem „Ja/Nein" heraus, Zwischenstufen kommen hinzu, ein Kreis kann hieraus gebildet werden: Am Nadir zwei offene Stäbe (00) und am Zenit zwei Voll-Stäbe (11), wie Nord und Süd, wie Winter und Sommer. Die Zwischenstufen sind hierbei 01 und 10, die sich wie Frühling und Herbst horizontal gegenüberstehen. Einen solchen periodischen Umlauf vollzieht auch der Mond. Eine Verdopplung des Binär-Codes mit Bildung von zwei Zwischenstufen führt so zum zyklischen Auf und Ab.

Die chinesischen Weisen gingen noch einen Schritt weiter: Sie verwendeten ein Drei-Linien-System, die Trigramme. Hier stehen am Beginn drei offene Stäbe (000), am Ziel drei Voll-Stäbe (111). Die Wandlungsfolge vollzieht sich in sieben Wandlungsschritten. Dies liest sich in binärer Schreibweise: 000 – 001 – 010 – 011 – 100 – 101 – 110 – 111. Es entsteht das Bild einer Kette, eines zielorientierten Voran. Dies aber bezeugt eine evolutiv aufstrebende Entfaltung, eine Progression ohne zyklische Wiederkehr. Jedes Trigramm markiert eine der acht Wegstationen mit jeweils spezifischer Aussage aufgrund seiner Platzierung sowie seiner Linien-Kombination. So bilden die Trigramme einen evolutiv aufstrebenden Vervollkommnungsweg ab.

Eine gleichartige „aufsteigende" Achterfolge bietet auch die Tonleiter: Jeder Ton hat seinen eigenen unverwechselbaren Klang; ihre Reihenfolge ist nicht auswechselbar. Der Anfangston und der achte Schlusston sind von der Höhe unterschiedlich und doch im Gleichklang. Desweiteren bildet der letzte Ton der Tonleiter gleichzeitig den Anfangston einer höheren, darüber liegenden Tonleiter. Das Ende ist immer auch gleichzeitig der Neuanfang eines erneuten Durchlaufs.

Zudem finden sich die Wechselbezüge der Trigramme im I Ging entsprechend in der Musik in den Tonintervallen: Terz, Quart, Quinte etc. Diese ermöglichen die Klangfarben und unterschiedlichen Melodien.

Ein weiteres Anschauungsbild bietet ein Staffellauf: Jeder Läufer hat seinen vorgegebenen Platz in der Gesamtkette auszufüllen und jeder trägt in gleicher Weise zum Erreichen des Zieles bei, der erste mit drei offenen Stäben (000) auf seiner Fahne, ebenso wie der letzte mit drei Voll-Stäben (111).

Abb. 33: Acht Staffelläufer mit den acht Trigramm-Symbolen auf ihren Fähnchen. Hier bietet sich ein Vergleich mit der achtstufigen Tonleiter an!

Dieses Bild einer linearen Läufer-Kette erleichtert das Verständnis eines zielorientierten Voran, entspricht jedoch nicht gänzlich der Idee in tradierten I-Ging-Bildern. Im I Ging finden sich ausschließlich Kreis-Darstellungen. Sie zeigen den Weg zwischen Nadir und Zenit als Auf- und nachfolgenden Abstieg, wie beim Mondumlauf. Die alten Väter des I Ging fanden jedoch für die graphische Darstellung im Kreis eines zielbezogenen Weges eine geniale Lösung: die Diagonale, die kurz vor dem Erreichen des Zenits abwärts zieht und von dort aus einen weiteren Aufstieg folgen lässt. Es wird also in einem Kreis die Wandlungsfolge dadurch eingehalten, dass dieser nach der ersten Hälfte diagonal durchquert wird und auf der Gegenseite einen weiteren progressiven Aufstieg nimmt. Diese diagonale Kreisdurchkreuzung garantiert erst das korrekte Einhalten der aufsteigenden Ziffernfolge. Darüber hinaus unterteilt diese Diagonale den Kreis in einen vor-mittigen und einen nach-mittigen Aufstieg. Lässt man diese Diagonale als Verbindung gelten, so ergibt sich auf beiden Kreishälften ein Aufstieg; und dieser schließt alle acht Trigramm-Stationen in evolutiver Folge ein. Anders als im Bild vom Staffellauf werden im Kreis vielfältige Wechselwirkungen unter den acht Trigramm-Stationen erkennbar. Gegenüberstehendes ist in Wechselwirkung, es gibt „Vorgänger" und „Nachfolger" etc. In einer Darstellung als Linearkette würde zudem das Erreichen des Ziels gleichzeitig den Schlusspunkt bedeuten. Im Kreis hingegen bleibt das Ende offen, das Ziel wird zum neuen Anfang und die Wandlung kann als Spirale gedacht werden: Der Wandlungsweg des Menschen setzt sich immer weiter fort.

Das I Ging ist also nicht nur ein Orakel: Der Trigramm-Kreis birgt eine das Wesen und den Weg des Menschen betreffende Botschaft in verschlüsselter Form.

Diese neue, auf die Entfaltung des Menschen bezogene Deutung des Trigramm-Kreises lässt ein detailliertes Bild vom Wesen und Weg des Menschen aufscheinen: der Weg des Menschen als eine stufenweise Entfaltung und Formung. Für die Beschreibung dieser Entfaltung steht im I-Ging-Text der Antagonismus von Weich/Fest – als zunehmende Formung und Ausgestaltung, und dies als Zielvorgabe. Interessanterweise ist es nicht die sonst im Chinesischen bedeutsame Polarität Yin/Yang. Die Ausgestaltung von „Weich" nach „Fest" gleicht dem Ziel der Individuation, dem Selbst.

Dies ist das Neue und Besondere dieser I-Ging-Interpretation: die Erkenntnis, dass der Reifungsweg des Menschen dargestellt ist, der als Ziel die individuelle Erfüllung des Einzelnen ermöglicht.

Das Reifeziel ist zudem wertfrei – in dieser I-Ging-Lesart wird herausgestellt, warum sich Wandlung lohnt, für jeden einzelnen. Eine Krise zu durchstehen, aus vollem Herzen sich zur Versöhnung/Vergebung durchzuringen, bewirkt weitere eigene Entwicklung, und ich selbst, als Individuum werde belohnt und reife weiter – zu mehr Selbstzufriedenheit! Dieser Weg führt durch die eigene Mitte, durch das Herz als das Sinnbild für die Ganzheit von Körper, Seele und Geist. Die individuelle Erfüllung kann zudem nur mit Besinnung auf die Gemeinschaft und Zurücknahme des Ego beim Durchlaufen der vierten Reifestufe erreicht werden. Das ist die Botschaft!

Die Trigramm-Familie

In der I-Ging-Überlieferung sind die acht Trigramme als Familie ausgewiesen – in heutiger Sicht als ein System: Mutter mit Sohn, Vater mit Tochter sowie zwei Geschwisterpaare. Jeweils ein männliches und ein weibliches Familienmitglied bilden ein Paar, ein Duo. Vier solcher Paare bilden die Grundlage für je eine Wandlungsstufe. Die vier Wandlungsstufen zeichnen sich je durch eine innere Dynamik aus: Zwei unterschiedliche Aspekte der jeweiligen Wandlungsstufe sind dargestellt, zur gegenseitigen Korrektur wie zur Ergänzung.

Diese Duo-Bildung der acht Trigramme führt hin zu einer Vierheit – vier Wandlungsstufen. So lassen sich Parallelen zu den bekannten Vierer-Menschenmodellen mit ihren vier Reifestufen erkennen (siehe Abb. 34; Näheres dazu ab S. 33).

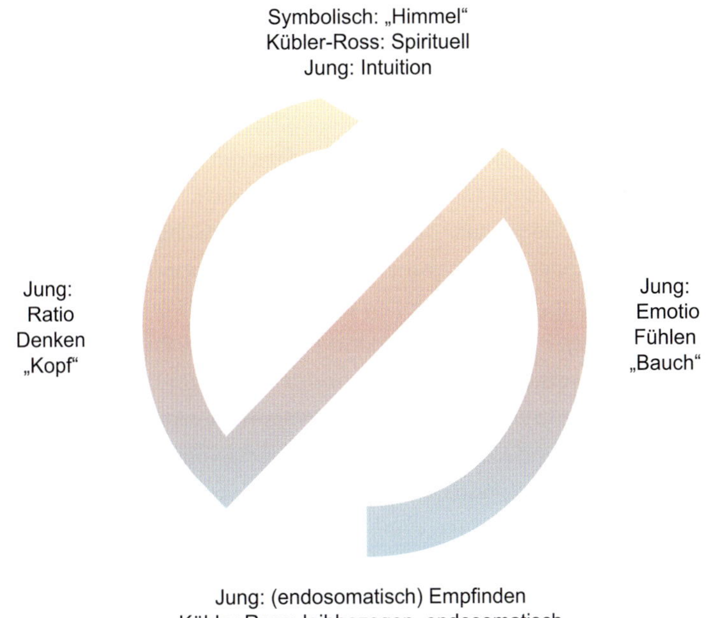

Abb. 34: Die vier Reifestufen aus Sicht von I Ging, Jung und Kübler-Ross.

Vom Wesen des Menschen in Vierer-Systemen

Das Wesen des Menschen – seine innere Beschaffenheit – zu verstehen, wird in vielen Kulturen angestrebt. Die Wesensaspekte wurden unterschiedlich gedeutet. Zumeist fokussierte sich die Beschreibung auf disharmonische Aspekte und pathologische Zustände, die aus medizinischer Sicht im Vordergrund standen. Das gilt z. B. für die vier Temperamente der Antike (phlegmatisch, cholerisch, melancholisch und sanguinisch). Im Gegensatz dazu steht die analytische Psychologie von C. G. Jung, der vier klar abgrenzbare Psychofunktionen als Norm definierte: Empfinden, Fühlen, Denken und Intuition. Zwei der Psychofunktionen von Jung, nämlich Emotio und Ratio, finden ihre Entsprechung im Trigramm-Kreis: Die beiden stehen sich horizontal im Trigramm-Kreis gegenüber, auf der einen Seite Wasser, dunkel, abgründig, die Emotion; auf der anderen Seite Feuer, hell, erkennend, die Ratio.

Es ist naheliegend, auch die beiden verbleibenden Psychofunktionen im Trigramm-Kreis gespiegelt zu finden: In der vertikalen Gegenüberstellung unten die somatische Anbindung (000), oben die spirituelle Anbindung (Intuition). Ebenso ist die Individuation in ihren Stufen im Trigramm-Kreis dargestellt: Der Weg vom Präpersonalen (000) zum Transpersonalen, zum Selbst (111).

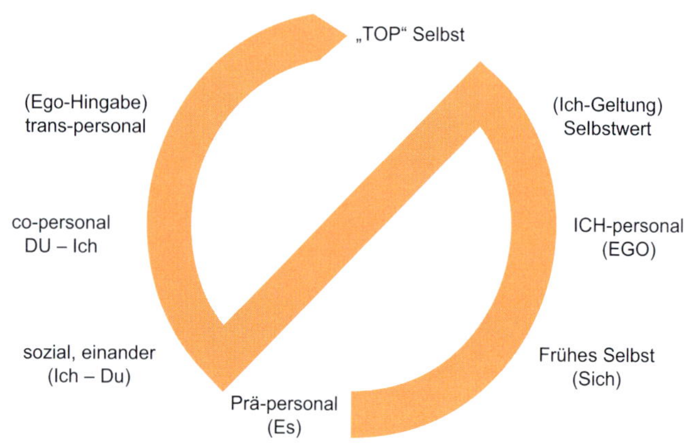

Abb. 35: Stufenweise Individuation als Entwicklungsweg des Menschen.

Es ist bemerkenswert, dass die meisten Menschen-Modelle auf einer Vierheit aufbauen. Gemeinsam ist diesen Modellen die Gleichrangigkeit der vier Bereiche sowie deren stufenweise Aufeinanderfolge.

Elisabeth Kübler-Ross (1926–2004), die weltbekannte Sterbeforscherin mit 23 Ehrendoktoraten, zeichnete zu Beginn ihrer Seminare stets einen in vier Quadranten geteilten Kreis an die Tafel. Jeder Quadrant stand für eine Grundfunktion der Psyche.

Als Jung-Schülerin betonte sie, wie wichtig es sei, dass auch der Laie sich mit dieser Vierer-Struktur der Psyche vertraut mache – dadurch sei er den seelischen Anforderungen des Alltags besser gewachsen. Sie lehrte, dass zwei der vier Grundfunktionen eine Brückenfunktion haben: die erste zum Stofflich-Leiblichen, die vierte zum Geistig-Spirituellen. Damit erweise sich die Psyche als Bindeglied, als „Puffer" zwischen Materie und Geist. Hier wird die Parallele zur in der chinesischen Kultur geläufigen Sicht deutlich, die den Menschen zwischen Himmel und Erde gestellt sieht.

Das besondere Augenmerk von Kübler-Ross galt dem vierten Bereich, den C. G. Jung als Intuition definiert, von ihr als der spirituelle Quadrant bezeichnet. Erst die Öffnung für diesen führe zum vollen Verständnis des Lebens: zu Gelassenheit, Angstminderung, Loslassen und letztlich zur bedingungslosen Liebe. Ohne Einbeziehung der vierten Funktion der Psyche bleibe die Seele des Menschen wie eine nicht voll aufgegangene Blüte.

Im Trigramm-Kreis – gedeutet als Viererkreis der Psyche – bilden die Trigramme für das Stofflich-Leibliche (000) und für das Spirituell–Geistige (111) eine polare Gegenüberstellung. Sie bedürfen der gegenseitigen Durchdringung: In der Horizontalen finden sich Emotio/Fühlen (010) und Ratio/Denken (101) als gleichrangige psychische Valenzen. In der Trigramm-Aussage sind es auf der einen Seite Wasser, Dunkel, Abgründig, auf der anderen Seite Feuer, Hell, Erkennend; in der Symbolsprache der Kenn-Figuren ein Dreieck mit der Spitze unten, gegenüber einem Dreieck mit der Spitze oben. So ergeben die Vertikale und die Horizontale bildlich ein Kreuz (siehe hierzu auch Abb. 7, S. 15), das aufscheinende Kreuz im Trigrammkreis wird sichtbar). Das Symbol des Kreuzes hat von je her eine mystische Bedeutung: Es kann als Sinnbild interpretiert werden für den mühsamen Menschenweg wie auch die am Ende stehenden Verheißung.

Wie C. G. Jung betont, lebt das Individuum die vier Funktionen der Psyche zumeist in unterschiedlicher Gewichtung aus. Das führt zu einer dominierenden Erst-Funktion und folglich zu einer vernachlässigten Viert-Funktion.

Die Aufgabe besteht laut Jung darin, unter den vier Funktionen einen harmonischen Ausgleich anzustreben: die dominierende Funktion zu mäßigen und die schwache aufzuwerten. Diese Arbeit am eigenen Wesen wird erleichtert, wenn der Laie ein Grundwissen um seine vier Wesensglieder besitzt und in diese Dynamik der Psyche, ihre Lebendigkeit hineinspüren kann. Dies ist erst durch die im I Ging dargestellte Acht-Gliedrigkeit möglich, die zwei Pole zu jedem Wesensglied benannt hat (siehe Abb. 36). Zu diesem Grundwissen möchte die vorliegende I-Ging-Interpretation beitragen.

In der Achterstruktur des I Ging bietet – dank der polaren Paarbildung – jede Wandlungsstufe einen Aktionsraum, der sich zwischen den beiden Polen spannt. Jeder Wesensaspekt wird durch zwei unterschiedliche, sich ergänzende Verhaltensformen dargestellt.

Am Beispiel der Emotion besagt dies: Sie tritt in zwei gleichrangigen, sich ergänzenden Aspekten auf, zum einen als „Hard"-Form zur Selbstbehauptung und Geltung, zum anderen als „Soft"-Form zur situativ-flexiblen Adaption. Entsprechendes gilt für die drei übrigen Wandlungsstufen: Die beiden Pole erscheinen wie zwei Kraftfelder, aus denen das Individuum schöpfen kann. In einer polaren Sicht mittels Achter-Modellstruktur kann der ergänzende Aspekt durch Nachspüren bewusst gemacht und aktiviert werden. So offenbaren sich immer neue Möglichkeiten, die hin zu weiterer Wandlung und Reifung führen. So kann durch die Dynamik innerhalb jeder Wandlungsstufe anhaltender Stagnation entgegengewirkt werden. Denn Stagnation bildet den Nährboden für Fehlentwicklungen. Dem Wesen des Menschen entspricht es, im Lebensrad dynamisch voranzuschreiten – so ist es dargestellt. Es gilt folglich, diese Wandlungen anzunehmen als einen sich individuell erfüllenden Lebensweg.

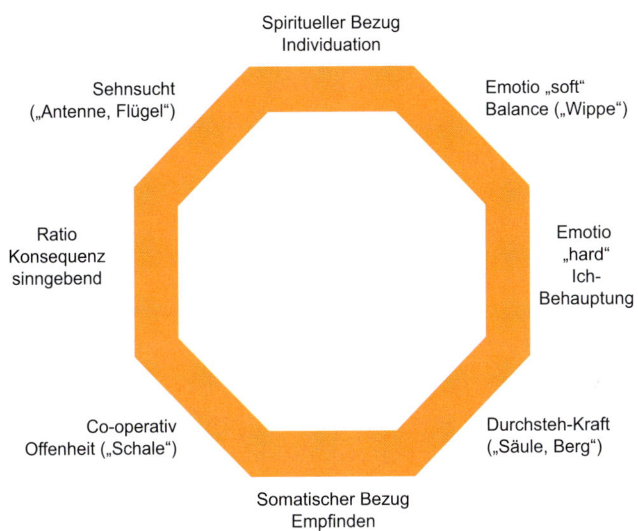

Abb. 36: Achter-Struktur und die vier Grundfunktionen der Psyche nach C.G. Jung.

Während ein polar-unterschiedliches Agieren – „soft"/„hard" – in der Wandlungsstufe Emotion leicht nachvollziehbar ist, bedarf es für den Bereich der Ratio (3. Wandlungsstufe) weiterer Erläuterungen: Die Kennfiguren „offene Schale" und „Pyramide" symbolisieren die Bandbreite der dritten Wandlungsstufe, zum einen Offenheit, „Alles ist möglich" (sozial, Ich/Du), zum anderen Schluss-Folgerung/Sinnfindung/Selektion (stringent, rational). Eben diese Polarisierung kennzeichnet die Nöte unserer Zeit: den Widerstreit zwischen übertrie benem Anspruchsdenken/Alles-Machen-Können/Alles-Haben-Wollen einerseits und Maßhalten/Genüge-Haben/Verantwortlichkeit andererseits. Dieser polare Widerstreit ist, unserer Auffassung nach, aktuell gesellschaftlich vielerorts in Stagnation begriffen.

Die weitere Entwicklung im Lebensrad geht jedoch über das Symbol der Pyramide hinaus. Eine Einnahme dieser Position aus tiefer Erkenntnis und echtem „Genüge-Haben" („Es ist genug für alle da!") wie auch ein Eingebundensein in eine Gemeinschaft und die Übernahme von Verantwortung für den anderen sind zwingend erforderlich, um in weitere Wandlung gehen zu können.

Entsprechendes gilt für die übrigen Wesensglieder: Auch bei diesen spielt sich zwischen zwei unterschiedlichen, aber sich ergänzenden Aspekten ein Wechselspiel ab. Dies ist Ausdruck der psychischen Dynamik und Lebendigkeit: Die beiden Pole erscheinen wie zwei Kraftfelder, aus denen das Individuum schöpfen kann. Solch differenzierte Prozesse werden innerhalb der klassischen Vierer-Systematik nicht transparent; denn hier erscheinen Abweichungen von der Norm lediglich als Über- bzw. Unterfunktion. In einer polaren Sicht mittels Achter-Modellstruktur hingegen kann der ergänzende Aspekt durch Nachspüren bewusst gemacht und aktiviert werden. So offenbaren sich immer neue Möglichkeiten der Wandlung und Reifung, die wegführen vom Stillstand. Anhaltende Stagnation bietet den Nährboden für Fehlentwicklungen. Wie dargestellt ist das Wesen des Menschen so angelegt, im Lebensrad dynamisch voranzuschreiten. Es gilt, Wandlungen anzunehmen als ein sich individuell erfüllender Lebensweg. Das Individuum vermag dank der zwei polaren Exponenten die situativen Herausforderungen leichter und flexibler zu meistern. Ein Wissen über diese Möglichkeit ist für ein Voran-Kommen sehr hilfreich.

Um den Facettenreichtum der Vierer-Modelle des Menschen zu erfassen, sind Bilder und Symbole auch aus anderen früheren Kulturen wegweisend. Hier lohnt ein Blick auf die mythische Figur der Sphinx, die immer noch Rätsel aufgibt. In ihr scheint ebenfalls ein viergegliedertes Menschenbild verschlüsselt zu sein (siehe Abb. 37). Faszinierend ist nicht nur die Vierheit der in ihr vereinten Lebewesen, sondern auch der Bezug zu vier symbolträchtigen Körperbereichen: Vom Stier hat die Sphinx den potenten Unterleib (im I Ging: Berg, Festigkeit); vom Löwen die mächtige Mähne und die sprungbereiten Pranken (Herrschergefühl im Revier); vom Menschen den Denkerkopf mit Weitblick (im I Ging: Schädel-Schale); als Viertes die Schwingen des Adlers, wie sie sich in allen frühen Sphinx-Darstellungen finden (im I Ging ebenfalls: Flügel).

Abb. 37: Die vier Wesensbereiche des Menschen in der Sphinx: Stier (Unterbau), Löwe (Schultergürtel, Mähne), Homo sapiens (Anlitz), Adler (Flügel).

Die vier in der Sphinx vereinten Lebewesen sind auch in der Bibel erwähnt, sowohl im Alten wie im Neuen Testament. Sie gelten als Wappentiere der vier Evangelisten. Die Ursprünge der Sphinx sind sehr alt. Sie dürfte bereits vor der ägyptischen Pyramiden-Kultur verehrt worden sein. Schon im frühen Assyrien standen Sphinx-Figuren als Wächter bzw. Hüter am Eingang der Tempel. Man kann daher die in der Sphinx vereinten Wesen nicht nur als Symbole, sondern auch als vier Kraft-spendende Begleiter des Menschen deuten.

Modelle des Menschen – als Vierheit oder Fünfheit (vier plus eins)

Abb. 38: Die vier Wesensbereiche des Menschen repräsentiert durch die vier Himmelskönige mit dem (vergoldeten) Buddha in der Mitte – so anzutreffen in vielen buddhistischen Klöstern.

Sogar in buddhistischen Tempeln (in China, Korea oder Sri Lanka) findet sich die Vierheit in symbolträchtigen Figuren dargestellt: Es sind die der Mythologie entstammenden vier Himmelskönige, die die vier Himmelsrichtungen repräsentieren; der zumeist vergoldete Buddha als Fünfter thront in der Mitte (siehe Abb. 38). Er ist kein fünftes Wesensglied, sondern die Essenz, die Krönung des Ganzen: vier-plus-eins. Die vier in den Ecken des Raumes stehenden Himmelskönige zeigen unterschiedliche Gesten und Attribute, die auf spezifische Merkmale der vier Wesensglieder hinweisen: Einer hält eine hohe Stange in der Hand (Aufrichtung); ein zweiter, grimmig dreinschauender ein Schwert (Selbstbehauptung); ein dritter eine Kugel in der einen und eine Schlange in der anderen Hand (Dualität zwischen Gut und Böse); der vierte ist ein heiterer Lautenspieler (Gelassenheit). „Heiter" ist auch die für die vierte I-Ging-Wandlungsstufe geltende Kenn-Eigenschaft. Die fünf Buddhas veranschaulichen in ihrer Aufstellung deutlich, dass sie ein Vier-plus-eins-System bilden.

Diese Vier-plus-Eins-Ordnung gilt auch für weitere Fünfer-Modelle, wie z. B. die fünf Elemente der traditionellen chinesischen Medizin. Als krönend Fünftes kann hier das Herz gelten, mit der Freude als seiner psychischen Ausdrucksform. Noch deutlicher wird die Vier-plus-eins-Ordnung bei den fünf Entien des Paracelsus. Als Entien bezeichnete er die menschlichen Wesensglieder (Einzahl „Ens"). Vier der Entien nennt er „paganisch" („heidnisch" und daher krankheitsanfällig). Das fünfte jedoch, das Ens Dei, sollte die paganischen Entien überstrahlen.

Übrigens hat auch C. G. Jung seinen vier Psycho-Funktionen (Quaternio) eine vereinende „Coniunctio" als Fünftes hinzugefügt. Transkulturell können Vierer- und Fünfer-Modelle nebeneinandergestellt und auf Analogien geprüft werden. Das Fünfte ist jeweils das „Überstrahlende", die Erfüllung zur Ganzheit. Das Vorkommen der Vierer- bzw. Fünfer-Modelle in verschiedenen Kulturen und Epochen legt nahe, dass wir es hier mit einem Ur-Wissen der Menschheit zu tun haben.

Was zeigt sich in dieser Gesamtschau der Vierer- und Fünfer-Modelle? Was sagen sie uns über den Menschen, sein Wesen und seinen Reifungsweg?

Sie machen klar, dass für das Wesen des Menschen eine innere Ordnung im Sinne einer stufenweisen Entfaltung gilt. Diese ist laut Jung „a priori" angelegt. Das Wissen um diese Ordnung erweist sich als hilfreich für eine sinnvolle Lebensgestaltung. Denn in allen vier Wesensgliedern ist Wandlung und Reifung möglich im Sinne eines Bewusst-Werdens.

Zu dem heute im Vordergrund stehenden Thema „Bewusstsein" gehört die Annahme, dass der Mensch als Individuum wie auch die Menschheit als Ganzes einen evolutiven Prozess zunehmender Bewusstwerdung durchlaufen. Dieser Prozess vollzieht sich in aufeinander folgenden Stufen, die der Bewusstseinsforscher Jean Gebser (1905–1973) als Dimensionen erkannt hat, aufgrund ihrer Parallele zu den aufeinander aufbauenden geometrischen Dimensionen. Das bedeutet: Jede Stufe – so Gebser – bringt eine neue Fähigkeit des Wahrnehmens mit sich, die zuvor noch nicht zugänglich war. Der Schritt von Stufe zu Stufe ist eine Emergenz; denn ein ganz neues Gewahren tritt hinzu. Auch bei den geometrischen Dimensionen tritt mit jeder Stufe eine neue, originäre Erschließung hinzu: zum Punkt bzw. der Linear-Strecke als Zweites die flächenhafte Ausweitung bis hin zum Kreis; die dritte Dimension umreißt den Raum im Hinblick auf Höhe und Inhalt. Für die vierte geometrische Dimension gibt es bisher keine konkrete Erkenntnis, lediglich Vermutungen wie eine Innenstülpung nach Art des Möbiusstreifens. Auch im Blick auf diese dimensionalen Merkmale besteht eine nachvollziehbare Analogie zu den vier Wesensbereichen des Menschen. Gebsers Forschung bezog sich primär auf den kulturellen Aufstieg der Menschheit; doch seine Erkenntnisse lassen sich gleichermaßen auf den Entfaltungsweg des Individuums als einen dimensionalen Prozess beziehen (siehe Abb. 39).

Die Wandlungsstufen im I Ging als dimensionaler Vollzug

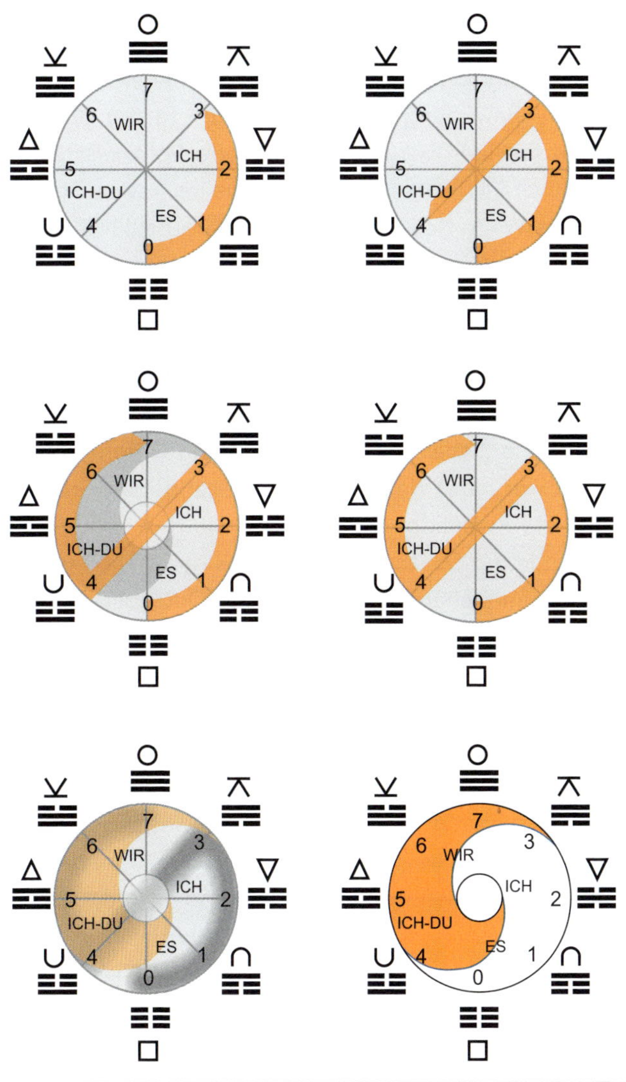

Abb. 39: Dimensionaler Vollzug der Reifestufen.

In der ersten Wandlungsstufe tritt mit dem Symbol Berg/Säule das Ein-Dimensionale auf – verortet im Körper-Schwerpunkt. Aus dieser wird erst Aufrichtung möglich. Symbol für diese Bodenverankerung ist zum Beispiel das massive Stierhinterteil der Sphinx, für die Aufrichtung gilt das Symbol der Stange des Buddhas. Bei den Körperübungen (siehe Teil 2) gilt es, fest in sich und zu sich zu stehen und sich mittels Affirmation zu verankern.

Die zweite Wandlungsstufe lässt im Bild von Kreisel und Wippe die befreiende Bewegung in die Fläche, ins Terrain erkennen. Eine schwungvolle Reviereroberung. Das analoge Sphinx-Bild des Löwen meint das souveräne Herrschen über ein weites Revier. Bei den Übungen gilt es, die Weite des eigenen Spielfelds auszukosten und gleichwohl sein Revier zu behaupten und sich durch Affirmation in ihm frei zu fühlen. Das Schwert des Buddhas weist auf die gewaltbereite Durchsetzung hin.

Die dritte Wandlungsstufe veranschaulicht im Bild von Schale und Pyramide die Dreidimensionalität von Inhalt im Raum: Es ist das Streben aus der Fülle (Schale) hin zur Verdichtung (Pyramide), nach Sinn und Wert. Ist der Inhalt der Schale vorwiegend materieller Natur, so symbolisiert die Pyramide ideelle Werte wie das Streben nach Sinn und Ordnung. In der Sphinx-Analogie ist es das Menschen-Antlitz mit der Fähigkeit zum planenden Weitblick und Durchblick, bei den Buddhas sind es die Insignien des Dualen von Gut und Böse. Die Affirmationen bejahen den Reichtum an Möglichkeiten ebenso wie den besonnenen, genügsamen Umgang damit.

In der vierten Wandlungsstufe schließlich mit ihrer Öffnung für Erfahrungen jenseits der irdischen Wirklichkeit sind die Symbole der Schwingen wie auch der sonnenhaften Kugel wegweisend. Sie zeigen die Transzendenz an, die sich ebenso in den Schwingen der Sphinx wie in der heiteren Gelassenheit des musizierenden Buddhas zeigt. Das Irdische wird transzendiert. Die flehentlich erhobenen Arme symbolisieren in den Übungen wie auch den Affirmationen das Loslassen/Vergeben als auch Sehnsucht nach Vollkommenheit.

Durch sein Bewusst-Werden der Aufgaben und Möglichkeiten der vier Reifungsstufen erfährt der Mensch Hilfe bei der Lösung der täglichen Probleme.

Nachfolgend möchten wir nun einige für die vier Wandlungsstufen sinnbringende Impulse vorstellen. Bei der ersten Wandlungsstufe geht es um die Leib-Erfahrung, die nicht nur körperlich, sondern auch seelisch zu integrieren ist: Es handelt sich um die in allen Lebensphasen bewusst zu vollziehende Aufrichtung und In-Besitznahme des eigenen Leibes. Dies verlangt eine Zusage, ein Ja! zum Leib-Sein, eine dankbare Würdigung seiner Fähigkeiten und Dienste. Bewusst steuern lässt sich das Einhalten von biologischen Rhythmen, wie z. B. der Wechsel von Aktion und Ruhe, Wachheit und Schlaf.

Bei der zweiten Wandlungsstufe handelt es sich um emotionales Erleben und Ausleben der Ich-Kräfte und -Wünsche. Es geht darum, die Ich-Wirklichkeit in ihrer Originalität auszufüllen, indem der weite Spielraum der Gefühlsebene genutzt wird. Der Wechsel zwischen affektiver Durchsetzung und situationsgerechter Nachgiebigkeit – zwischen Geltungsdrang und locker-spielerischer Lebendigkeit – lässt sich bewusst steuern.

Bei der dritten Wandlungsstufe handelt es um den Umgang mit dem Anderen, dem Gegenüber: um das Eingehen auf die Du- und Mit-Welt und deren Bedürfnisse, unter Abstimmung mit den eigenen Wünschen. Dem Anspruchsdenken und der Versuchung zum Machtmissbrauch lässt sich bewusst entgegensteuern. Letztlich geht es um Genügsamkeit und Sich-Zufrieden-Geben, um eine nüchterne Einschätzung und Sinnfindung. Hierbei ist ein Gleichgewicht zwischen Begehrlichkeit und Vernunft anzustreben.

Bei der vierten Wandlungsstufe geht es um den Verzicht auf Ego-Geltung. Es steht ein Innewerden an – dies im Hinblick auf eine höhere Wirklichkeit. Sehnsucht, Hoffen und Glauben erweisen sich als Kraftquellen.

Es ist erforderlich, alte Muster loszulassen im Vertrauen auf Erfüllung. Der Ohnmacht, auf etwas oder jemanden angewiesen zu sein, steht die Kraftquelle des Glaubens und Sehnens gegenüber. Das nur in Momenten erlebbare Eins-Sein mit dem Ganzen ist zumeist erkauft durch dunkle Phasen der Resignation und der Traurigkeit. Ein bewusstes Innehalten und Sich-Öffnen für innere Erfahrungen ist aber möglich durch regelmäßige Meditation, durch Stille- und Fastenzeiten.

Aufschlussreich ist auch die Erkenntnis der Bewusstseinsforschung. Laut Gebser spielt sich in unserer Zeit gesellschaftlich der Übergang von der kognitiv-rationalen zur integralen Bewusstseinsdimension ab. Ein solcher Paradigmenwechsel bringt eine Ergänzung, aber auch eine Relativierung der bisherigen Bewusstseinsstufen mit sich – ihrer Errungenschaften wie auch ihrer Defizite. Das integrale Bewusstsein ist ein „aufdeckendes“: Alte Muster und Fehlentwicklungen werden entlarvt, zugleich wird uraltes Menschheitswissen neu belebt. So ist auch eine Neu-Interpretation des frühen I Ging zeitgemäß.

Besonderheiten der vierten Wandlungsstufe

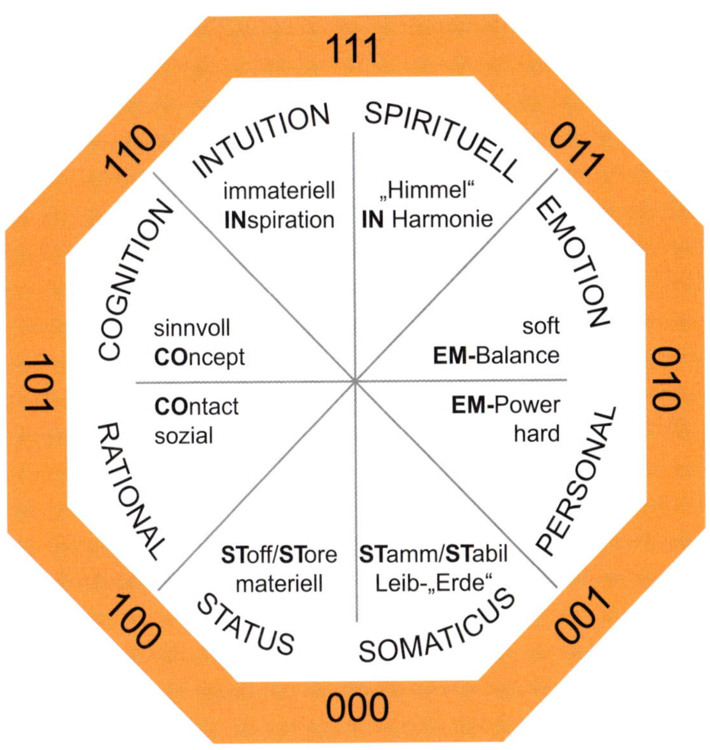

Abb. 40: Besonderheiten der vierten Wandlungsstufe.

Um die vierte Wandlungsstufe erfassen zu können, bedarf es einer eingehenden Erläuterung.

Was ist das Besondere an der vierten Wandlungsstufe? Elisabeth Kübler-Ross lehrte in ihren Seminaren, dass ein Mensch erst dann voll im Leben steht, wenn er den vierten Bereich der Psyche integriert hat.

Denn erst dadurch vermag der Mensch das Leben in all seinen Aspekten anzunehmen, so auch die Begrenzung durch den Tod. Die das Menschsein einengende Todesangst wird am ehesten dank der inneren Erfahrungen des vierten Bereichs bewältigt.

Allerdings stellt sich unsere rationale Vernunft solcher Öffnung entgegen. Im Leben aber sind es häufig Einschnitte wie Krankheit, Sterbefälle etc., die Menschen tief berühren und sie nach innen horchen lassen. Dieses Innen wird gern mit dem Herzen gleichgesetzt. Denn unsere Intuition und Inspiration haben die Gabe, dem Leben eine zusätzliche, nach Oben offene Perspektive zu erschließen. C. G. Jung spricht beim vierten Bereich vom „Blick unter die Oberfläche der Dinge". Im Bereich der Individuation wird die vierte Stufe mit „Wir", besser mit „Transpersonal" bezeichnet: Das Ichhaft-Persönliche geht auf im Mosaik des Ganzen.

Das neue Bewusstsein ist allerdings erst im Anbrechen, es ist ein Transmentales, wie es der indische Weise Aurobindo angekündigt hat. Die Kraft wird hier gewonnen aus Hoffen, Glauben und Sehnsucht nach Heil. Diese Gaben lassen Zuversicht aufkommen – dies besonders nur in „Sternsekunden".

Wichtig ist, dass bei solcher spirituellen Öffnung das weltliche Leben integriert bleibt. Von Paracelsus stammt der Aufruf: Wir sollen den Himmel „in uns leiben", ihn herunterholen in die irdische Wirklichkeit.

Ein wichtiger Aspekt des Vierten besteht im Loslassen, Vergeben, Versöhnen. Versöhnung, die aus dem Herzen kommt. Versöhnung, die bedingungslos erfolgt. Dies ist keine moralische Forderung, sondern der Weg zu innerem Frieden und Frei-Sein. Wer ein Versöhnungserlebnis erfahren, ja durchlitten hat, lebt fortan freier und dankbarer. Überhaupt ist bewusst gelebte Dankbarkeit der einfachste Zugang zum Vierten, mit dem Ziel der bedingungslosen Liebe.

Wo immer in Menschenmodellen ein Fünftes aufscheint, so ist die „Quinta Essentia" gemeint – als die harmonische Erfüllung der Vierheit.

So kann man die diagonale Durchkreuzung unserer Mitte im I-Ging-Lebensrad mit dem Herzen in Verbindung bringen, ist doch das Herz das Lebendigste und Belebendste in uns. Hildegard von Bingen, die weise Prophetin des Mittelalters, spricht von der inneren, reinigenden Flamme: Unreine Gefühle und Gedanken sollten im Feuer des Herzens „durchgekocht" werden.

Im I-Ging-Lebensrad ist die vierte Wandlungsstufe symbolisiert in den beiden Kenn-Figuren Flügel und Kugel. Die Flügel bzw. erhobenen Arme (Antenne) sind ein treffendes Anschauungsbild für die Hingabe, das Angewiesen-Sein. Das Sehnen nach Heil und Erlösung klingt auch im vorletzten Intervall der achtstufigen Tonleiter an: im Sehnsuchtsruf der Septime nach Auflösung. Dieser letzte Schritt vor der erfüllten Oktave ist nur ein Halbton: so als wolle er den auflösenden Schluss-Akkord herbeiflehen.

Während in den ersten drei Wandlungsstufen die Zeit als quantitativ-linear fortschreitend erlebt wird (Chronos), erweist sie sich auf der vierten Ebene als der Kairos. In der Antike wusste man um die Bedeutsamkeit des „Kairos" als des fälligen Zeitpunkts – auch für die Heilung. Oft muss die Zeit erst reifen, und der Reifungsweg wird zum Etappen-Ziel. So liegt im Wandlungskreis des I Ging das Ziel nicht in perfekter Vollkommenheit, sondern in der Erfüllung von Lebensphasen, von Stufen, die im Mosaik des Ganzen ihren Platz haben. Letztlich geht es um die Zugehörigkeit zum Größeren, zur Teilhabe am Ganzen.

In der vierten Wandlungsstufe ist die Zeit von besonderer Qualität: Der kontinuierliche Zeitlauf („Chronos") wird zuweilen unterlaufen durch den Einfall von Ereignissen, die fällig sind: Die ereignisträchtige Zeit kommt dem Menschen in solchen Momenten geradezu entgegen. Solches „Timing" nannte C. G. Jung Synchronizität, und Paracelsus sprach von der „Stunde der Zeitigung".

Im Trigramm-Kreis nimmt die strahlende Kugel den Platz am Zenit ein. Sie symbolisiert den Menschen, so wie er gemeint ist. Der Entfaltungsprozess ist allerdings nie zu Ende. Denn Wandlung formt den Menschen unbegrenzt.

Der Mensch entwickelt sich in der Symbolsprache des I Ging vom eckigen Quadrat zur wohlgerundeten Kugel: Beides ist dem Menschen immanent: seine Eckigkeit als irdische Realität und seine Vollendung

(Kreis) als Idealbild. Leonardo da Vinci hat in seiner berühmten Zeichnung Quadrat wie auch Kreis der Gestalt des Menschen aufgeprägt (siehe Abb. 41). Dies ist bisher nur als „Quadratur des Kreises" gedeutet worden – als eine mathematische Frage. Doch aus den Kenn-Figuren der Trigramme wird offenbar, dass der Weg der Bewusst-Werdung und Reifung als Ausrundung des Eckigen, d.h. als „Circulatur des Quadrats", zu sehen ist.

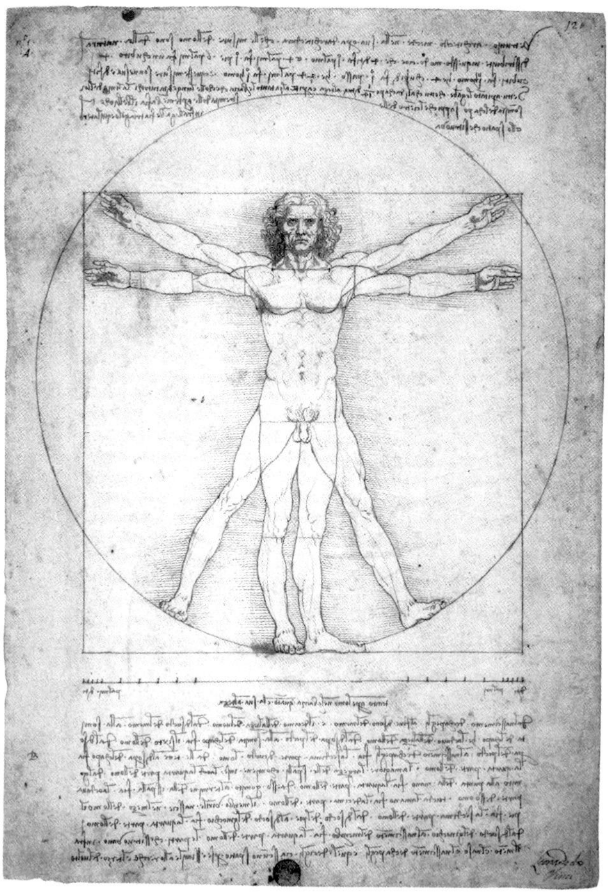

Abb. 41: Der Mensch nicht in der „Quadratur des Kreises", sondern in der „Zirkulatur des Quadrats" nach Leonardo da Vinci.

Reifung und Entfaltung ist der Weg zu Selbsterkenntnis und Sinnfindung: Jeder Mensch darf sich verwirklichen, so wie er „gemeint" ist. Das Ziel ist nicht das Ego, sondern das Selbst, welches seinen Platz findet in der Harmonie des Ganzen.

Mit dem Begriff „Selbst" hat C. G. Jung Sinn und Ziel einer zu innerer Ganzheit führenden Entwicklung gemeint. Aber nicht nur bewusstes Erstreben führt zum Ziel, sondern ebenso die Beteiligung des Unbewussten, welches speziell auf Bilder und Symbole anspricht. Als hilfreich erweisen sich die Mandalas, deren Betrachtung laut Jung besonders zur inneren Harmonisierung beiträgt.

Auch im I Ging findet sich die auf den Menschen zielende Botschaft in Symbolen verschlüsselt: Was uns speziell die Kenn-Figuren sagen wollen, wird nicht nur von unserem Verstand erfasst, sondern intuitiv. Diese deutungsoffenen Bilder sind nicht nur vor unseren Augen ausgebreitet, sondern werden geradezu in uns selbst präsent.

Nachspürbar und erlebbar werden sie insbesondere aus den beschriebenen Übungen: den einzelnen Gesten und Gebärden und deren Verinnerlichung. Wenn wir diese Gebärden aufmerksam nachvollziehen und sozusagen dem eigenen Körper aufprägen, „verkörpert" sich in uns ihre Ausdruckskraft. So ist das hier dargestellte Lebensrad kein „äußeres" Anschauungsbild, sondern birgt ein Verwirklichungs-Potenzial, das uns harmonisch und zufrieden machen kann.

Essenz der I-Ging-Botschaft

Das Neue der hier vorgestellten I-Ging-Interpretation ist, dass sie den Wandlungsweg des Menschen in klar definierten Einzelstufen aufzeigt und als Ziel die Lebenserfüllung des Einzelnen sieht. Dieses Ziel ist nicht eng terminiert und definiert, sondern bleibt für jeden individuell gestaltbar und im Laufe des Lebens wandelbar. Der Wandlungsprozess ist zu keinem Zeitpunkt vollständig abgeschlossen. Das Ziel des Reifens und Wandelns ist zudem wertfrei.

Diese I-Ging-Interpretation macht deutlich, warum Krisen und Wandlung unvermeidlich sind. Eine Krise zu durchstehen, gibt Anstoß für eine bewusstere achtsame Lebenshaltung. Ja, es wird für den Einzelnen der Sinn des Lebens erfahrbar – dass der Mensch als Individuum gemeint ist.

Es stellt sich die Frage: Ist Wandlung ein aktiver Reifungsprozess, oder ist der Mensch in einen Entfaltungsbogen „hineingezogen"? Offensichtlich greift beides ineinander.

In unserem Zeitalter zunehmender Bewusstheit ist der Einzelne aufgerufen, das Seine zum Wohl der Menschheit einzubringen. In diesem Sinne ist die persönliche Reifung kein Egoismus, sondern ein Beitrag zum evolutiven Reifungsprozess der Menschheit. Und dies umso mehr, je sehnsuchtsvoller der Mensch bereit ist, einen Beitrag zum Heil der Menschheit beizutragen. Der ersehnte Friede in der Welt hat seinen Ursprung im Mitwirken des Einzelnen!

Indem die eigene Wandlung zu größerer Harmonie mit sich selbst und im sozialen Miteinander führt, trägt diese zu Harmonie und Frieden in der Welt bei.

Nachwort

von Liv Inga Hamann

Mein Erlebnis mit dem I Ging war einschneidend, denn nach dem Seminar bei Jochen Gleditsch hat sich für mich eine neue Sicht auf die Dinge eröffnet.

Das I Ging konnte ich unmittelbar für mein Leben anwenden. Als Lebenshilfe insbesondere in Krisen und Konflikten zeigt es mir neue Wege auf.

Die Situationen auf das Lebensrad anzuwenden und beispielsweise bewusst aus der harten Emotion (dem Kreisel) in die weiche, fließende Emotion (die Wippe) zu wechseln, ohne das eigene Ziel aus den Augen zu verlieren und hierbei sich selbst treu bleiben und in der eigenen Entwicklung weiterkommen, ist eine wunderbare Erkenntnis.

In dieser inneren Haltung begegne ich mir selbst und meinen Mitmenschen. Ich erkenne, dass jede Krise für mich eine Chance zur Weiterentwicklung ist und nehme so die „Stolpersteine" auf meinem Lebensweg beherzter an.

Die Hinwendung zu Fragen über den Sinn des Lebens, ein Nachdenken über qualitative Lebenszeit, eigene Ziele und Werte sind erforderlich zur eigenen Lebensgestaltung und zum Einbringen in die Gemeinschaft. Die Beschäftigung mit dem eigenen Menschenbild ist besonders wichtig. Das Menschenbild prägt unser Auftreten, unsere innere Haltung in der Begegnung. Es ist für das Gegenüber spürbar, er fühlt sich als Mensch angenommen, wenn ich ihm so bewusst entgegentrete.

Als Ärztin erlebe ich dies besonders klar: Ein Menschenbild, welches den Menschen als Gesamtheit aus Körper, Geist und Seele erfasst, wird ihm gerechter als ein somatisch (körperlich) fixierter Blick. Die naturwissenschaftlichen Erkenntnisse vermögen unser aller Leben um viele Jahre zu verlängern, doch braucht es zusätzlich die Hinwendung zum Sinn des Lebens, um erfüllt zu leben – auch Geist und Seele wollen genährt werden!

Ich hoffe, dass durch dieses Buch vielen dieses uralte Menschheitswissen zugänglich wird und ihnen Sinn vermittelt, und der eigene Weg zu innerer Zufriedenheit und Erfüllung greifbarer wird. Je zufriedener und bewusster wir mit uns selbst sind, desto achtsamer und mitfühlender begegnen wir unserer Umwelt, und Harmonie kommt auf. Frieden auf der Welt wird in kleinen Schritten erarbeitet!

Literatur

Anonyme Alkoholiker (Hrsg.): Anonyme Alkoholiker. Ein Bericht über die Genesung alkoholkranker Männer und Frauen (4. Aufl.), München: Anonyme Alkoholiker 1983

Bach, Susan R.: „Spontanes Malen schwerkranker Patienten. Ein Beitrag zur psychosomatischen Medizin", in: Acta Psychosomatica 8/1966, Basel: Geigy 1966

Bauer, Joachim: Prinzip Menschlichkeit. Warum wir von Natur aus kooperieren, Hamburg: Hoffmann und Campe 2006

Bauer, Wolfgang: I-Ging. Text und Materialien, (3. Aufl.) Düsseldorf: Diederichs 1977; München: Heyne 1998

Bauer, Wolfgang: Richard Wilhelm. Botschafter zweier Welten, Düsseldorf/Köln: Diederichs 1973

Blofeld, John: I Ging. Das Buch der Wandlungen, München: O. W. Barth 1983

Brodde, August: I-Ging. Versuch, das Buch der Wandlungen verständlicher zu machen, Schorndorf: WBV 1985

Brumlik, Micha: C. G. Jung zur Einführung, Hamburg: Junius 1993

Capra, Fritjof: Das Tao der Physik (früherer Titel: Der kosmische Reigen), Bern/München/Wien: Scherz 1983

Claussen, Claus: I Ging. Grundlagen und Deutung, Darmstadt: Schirner 2006

Cleary, Thomas (Hrsg.): Das Tao des I Ging. Der taoistische Weg zum Verständnis der Tiefendimension des I-Ging, Bern/München/Wien: O. W. Barth 1989

Dammholz, Martin: Der ganze Mensch. Erfahrungen und Ratschläge eines Arztes für ein reiches, gesundes und glückliches Leben (2. Aufl.), Heidelberg: Haug 1987

Dürckheim, Karlfried Graf: Der Weg, die Wahrheit und das Leben. Erfahrungen auf dem Weg zur Selbstfindung (2. Aufl.), München: O. W. Barth 1982

Dürckheim, Karlfried Graf: Vom doppelten Ursprung des Menschen – als Verheißung, Erfahrung, Auftrag (9. Aufl.), Freiburg: Herder 1985

Dürr, Hans-Peter: Geist, Kosmos und Physik. Gedanken über die Einheit des Lebens, Amerang: Crotona 2010

Engler, Friedrich K.: Diskussionen über das I-Ching : Freiheit und Ordnung im Menschenschicksal, Freiburg: Aurum 1989

Enomiya-Lassalle, Hugo M.: Leben im neuen Bewusstsein. Ausgewählte Texte zu Fragen der Zeit, München: Kösel 1986

Fiedeler, Frank: Die Monde des I Ging, München: Diederichs 1988

Fiedeler, Frank: Yijing. Das Buch der Wandlungen, erstmalig von Grund auf entschlüsselt und neu aus dem chinesischen Urtext übersetzt, München: Diederichs 1986

Franz, Marie-Louise von: Wissen aus der Tiefe. Über Orakel und Synchronizität, München: Kösel 1987

Gebser, Jean: Der unsichtbare Ursprung. Evolution als Nachvollzug, Olten/Freiburg: Walter 1970

Gebser, Jean: Ursprung und Gegenwart (3 Bde.), Schaffhausen: Novalis 1978

Glaser, Volkmar: Das Menschenbild der westlichen Welt im Meridiansystem. Eigenverlag 1977

Gleditsch, Anneliese: Vom Bewußtsein zum Gewißsein. Hinführung zu einem somato-psychischen Menschenbild, Augsburg: Opal 1991

Gleditsch, Jochen M.: „Akupunktur und Psychosomatik", in: Stacher A, Marktl W (Hrsg.): Ganzheitsmedizin in der Zukunft, Wien: Facultas 2001

Gleditsch, Jochen M.: „Die traditionelle chinesische Fünf-Elementen-Lehre. Versuch einer Gegenüberstellung mit den Bewußtseinsstufen nach Gebser", in: Beiträge zur Integralen Weltsicht, Band V, hrsg. von der Internationalen Jean-Gebser-Gesellschaft, Schaffhausen: Schlichter 1987

Gleditsch, Jochen M.: „Gesetze des Tao in der altchinesischen Medizin", in: Kemper, Peter (Hrsg.): Die Geheimnisse der Gesundheit, Frankfurt/M: Insel 1994, Suhrkamp 1996

Gleditsch, Jochen M.: Reflexzonen und Somatotopien. Vom Mikrosystem zu einer Gesamtschau des Menschen (9. vollst. überarb. Aufl.) München: Elsevier, Urban und Fischer 2005

Govinda, Lama Anagarika: Die innere Struktur des I-Ging. Das Buch der Wandlungen (2. Aufl.), Braunschweig: Aurum 1993

Gräfe, Emil Hugo: Die acht Urbilder des I Ging, Oberursel: Gräfe 1968

Gräfe, Emil Hugo: Die Weltformel. Das Geheimnis des I Ging entdeckt!, Oberursel: Gräfe 1973

Heisenberg, Werner: Tradition in der Wissenschaft. Reden und Aufsätze, München: Piper 1977

Hensel, Herbert: Allgemeine Sinnesphysiologie: Hautsinne, Geschmack, Geruch; Berlin-Heidelberg: Springer 1966

Hertzer, Dominique (Hrsg.): Das Mawangdui-Yijing. Text und Deutung, München: Diederichs 1996

Hertzer, Dominique: Das alte und das neue Yijing. Die Wandlungen des Buches der Wandlungen, München: Diederichs 1996

Hesse, Hermann: Mein Glaube (eine Dokumentation), Frankfurt: Suhrkamp 1971

Hesse, Hermann: Mit der Reife wird man immer jünger. Betrachtungen über das Alter. Frankfurt: Insel 1990

Hüther G, Spannbauer C (Hrsg.): Connectedness. Warum wir ein neues Weltbild brauchen, Bern: Huber 2012

Jaffé, Aniela (Hrsg.): Erinnerungen, Träume, Gedanken von C. G. Jung (2. Aufl.), Olten/Freiburg: Walter 1984

Jung C G, Wilhelm, R: Das Geheimnis der goldenen Blüte: Ein chinesisches Lebensbuch (3. Aufl.), Olten/Freiburg: Walter 1971

Jung, Carl Gustav: „Das Seelenproblem des modernen Menschen", in: Seelenprobleme der Gegenwart (6., rev. Aufl.), Zürich: Rascher 1969

Jung, Carl Gustav: „Synchronizität als ein Prinzip akausaler Zusammenhänge in Naturerscheinungen und Psyche", in: Studien aus dem C. G. Jung-Institut, Band IV, Zürich: Rascher 1952

Jung, Carl Gustav: Typologie, Olten/Freiburg: Walter 1978

Jung, Carl Gustav: Vom Sinn und Wahn-Sinn. Einsichten und Weisheiten (ausgewählt von Franz Alt), Olten/Freiburg: Walter 1986

Jung, Carl Gustav: Welt der Psyche (6. Aufl.), München: Kindler 1981

Keyserling, Arnold und Wilhelmine: Das Rad des Lebens. Der Schlüssel zum Wirken der Welt, München: Heyne 1994

Kübler-Ross E, Kessler D: Geborgen im Leben. Wege zu einem erfüllten Dasein, Stuttgart: Kreuz 2001, München: Droemer-Knaur 2003, Freiburg: Kreuz 2010, Freiburg: Herder 2012

Kübler-Ross, Elisabeth: Kinder und Tod, Zürich: Kreuz 1984

Kübler-Ross, Elisabeth: mündliche Mitteilung 1987

Kübler-Ross, Elisabeth: Reif werden zum Tode (5. Aufl.), Gütersloher Verlagshaus Mohn 1986

Leibniz, Gottfried Wilhelm: Zwei Briefe über das binäre Zahlensystem und die chinesische Philosophie, Stuttgart: Belser 1968

Lüscher, Max: Das Harmonie-Gesetz in uns. Ein neuer Weg zum inneren Gleichgewicht und sinnerfülltem Leben, München: Heyne 1987

Lüscher, Max: Der 4-Farben-Mensch oder der Weg zum inneren Gleichgewicht, München: Mosaik 1982

MacLean, Paul D.: „Man and His Animal Brains", in: Modern Medicine 32 (1964)

Maslow, Abraham: Psychologie des Seins, München, Kindler 1973

Morgenroth, Hannelore: Was Gott in uns träumt, Wege zum inneren Wachstum. München: Kösel 2009

Mussat, Maurice: Akupunktur und I Ging. eine quantenmedizinische Studie, Essen: VGM 1983

Osten, René van: I Ging, das Buch vom Leben. Wegweiser zu einem Leben im Einklang mit den sichtbaren und unsichtbaren Kräften, Aitrang: Windpferd 2000

Peseschkian, Nossrat: Psychosomatik und positive Psychotherapie. Transkultureller und interdisziplinärer Ansatz am Beispiel von 40 Krankheitsbildern (8. Aufl.), Frankfurt/M: Fischer-Taschenbuch 2005

Piaget, Jean: Gesammelte Werke, Stuttgart: Klett-Cotta 1975–1994

Pöppel, Ernst: Grenzen des Bewusstseins. Über Wirklichkeit und Welterfahrung, Stuttgart: DVA 1985

Remmler, Helmut: Das Geheimnis der Sphinx. Archetyp für Mann und Frau (2., überarb. Aufl.), Göttingen: Vandenhoeck und Ruprecht 1995

Riemann, Fritz: Grundformen der Angst (11. Aufl.), München: E. Reinhardt 1978

Schilling, Jürgen: www.schmauen.de

Schipperges, Heinrich: Die Entienlehre des Paracelsus. Aufbau und Umriss seiner theoretischen Pathologie, Berlin/Heidelberg: Springer 1988

Schipperges, Heinrich: Hildegard von Bingen. Ein Zeichen für unsere Zeit, Frankfurt/M: Knecht 1981

Schipperges, Heinrich: Paracelsus. Der Mensch im Licht der Natur, Stuttgart: Klett 1974

Schleip, Robert: Der aufrechte Mensch. München: Kiener 2015

Schönberger, Martin: Verborgener Schlüssel zum Leben. Welt-Formel I-Ging im genetischen Code, München: O. W. Barth 1973

Sherrington, Charles: Körper und Geist: Der Mensch über seine Natur. Bremen: Schünemann 1964

Stauss, Konrad: Die heilende Kraft der Vergebung. München: Kösel 2010

Teilhard de Chardin, Pierre: Der Mensch im Kosmos (7. Aufl.), München: C. H. Beck 1964

Tischinger, Michael: Jeder Tag ist ein geschenktes Leben. Schritte der Achtsamkeit. Freiburg: Kreuz-Verlag 2013

Walter, Katya: Chaosforschung, I-Ging und genetischer Code. Das Tao des Chaos, München: Diederichs 1992

Walters, Derek: Das zweite I-Ching. Das wiederentdeckte berühmte chinesische Orakelbuch, München: Goldmann 1989

Wehr, Gerhard: Jean Gebser. Individuelle Transformation vor dem Horizont eines neuen Bewusstseins, Petersberg: Via Nova 1996

Weinreb, Friedrich: Wunder der Zeichen, Wunder der Sprache. Vom Sinn und Geheimnis der Buchstaben, Zürich: Origo 1968

Wilber, Ken: Das Atman-Projekt. Der Mensch in transpersonaler Sicht, Paderborn: Jungfermann 1990

Wilber, Ken: Das Spektrum des Bewusstseins. Eine Synthese östlicher und westlicher Psychologie (6. Aufl.), Reinbek: Rowohlt-Taschenbuch 2003

Wilber, Ken: Eine kurze Geschichte des Kosmos, Frankfurt/M: Fischer-Taschenbuch 1997

Wilhelm, Hellmut: Die Wandlung. Acht Essays zum I Ging, Frankfurt/M: Suhrkamp 1985

Wilhelm, Richard: I Ging. Das Buch der Wandlungen, Düsseldorf: Diederichs 1956